¡Aprendamos español con BBB

ESPAÑOL JUNIOR

BBB쌤과 배우는 주니어 스페인어

BBB쌤과 배우는
주니어 스페인어

초판 3쇄 인쇄 2024년 9월 20일
초판 3쇄 발행 2024년 10월 4일

지은이 BBB SPANISH
펴낸이 서덕일
펴낸곳 오르비타

기획 서민우 **편집교정** 이혜영 **진행** 서여진
본문·표지 이유정 **일러스트** 맹경옥

출판등록 2014.11.17 (제2014-66호)
주소 경기도 파주시 회동길 366 3층 (10881)
전화 (02) 499-1281~2 **팩스** (02) 499-1283
전자우편 info@moonyelim.com
홈페이지 www.moonyelim.com

ISBN 979-11-974330-4-7(63770)
값 15,000원

세계 언어와 문화, 문예림
언어평등 〈모든 언어는 평등하다〉 **오르비타** 〈당신의 성장을 위한 비타민〉

¡Hola! ¿Cómo estás?

저는 매일 스페인어를 사용하며 살고 있습니다. 더 자세히 말하자면, 멕시코 스페인어로 중남미 스페인어인 에스빠뇰 Español 이네요. 20대 시절에 많은 시간을 외국어 공부에 투자한 저는(중국에서 대학 졸업), 살면서 한 번도 스페인어에 대해 관심을 가져 본 적이 없습니다. 30대가 되어서 새로운 제2외국어를 배우게 되리라고도 생각해 본 적이 없는데, 남편을 따라 멕시코 살이를 시작한 지 11년이 지났네요.

서른이 넘어서 시작한 외국어 공부는 쉽지 않았습니다. 일단 결혼도 했고 이제 막 두 돌이 지난 어린아이가 있는 저로서는 어학원보다는 독학을 해야 했는데, 스페인어 동사 변형의 벽은 높고 높았어요. 그래도 저는 이곳에서 살아남기 위한 스페인어 공부를 하기 시작했고, 한국에서부터 운영해오던 블로그에 같이 스페인어를 공부하자는 글을 올리면서 저의 스페인어 온라인 스터디가 시작되었습니다. (이 시작이 바로 BBBSPANISH의 시작이에요). 처음에는 저 혼자 공부하는 내용들을 블로그와 유튜브에 공유했는데, 스페인어에 관심이 있으신 분들의 많은 참여로 스터디와 유튜브 채널이 조금씩 커졌고, 아이를 키우면서 스페인어에 관심이 있는 학부모님의 상담이 이어졌어요.

상담을 하면서 느낀 점은, 스페인어를 배우고 싶은 어린 학습자들을 위한 교재가 많이 부족하고, 아이들을 도와줄 선생님이 많이 부족하다는 사실도 알게 되었습니다. 그러면서 자연스럽게 이런 고민을 가지신 분들에게 도움을 드리고 싶다는 생각으로 발전하기 시작했죠.

멕시코에 오기 전 저는 서울의 한 사립 초등학교에서는 중국어 선생님이었고, 멕시코에 와서는 10년 동안 멕시코 학교에서 중고등학생 한국어 선생님이었습니다.

저는 그 동안의 어린이와 청소년 수업의 경험을 살려, 스페인어 교육에 고민이 많은 학부모님들에게 스페인어 학습 방법에 대해 상담을 해 드렸고, 그 상담을 바탕으로 그동안의 외국어 수업 경험을 살려 교재를 만들고 저의 멕시코 제자들과 함께 온라인 화상 교육을 시작했습니다. 지금은 많은 어린이, 청소년, 성인들이 BBB 스페인어 화상 수업을 통해 즐겁게 공부 중이네요.

BBB 스페인어 수강생분들을 위한 교재를 만들면서 교재가 너무 좋다는 피드백을 많이 들었습니다. 그러면서 자연스럽게 이 교재가 필요한 사람들을 위해 교재로 나오면 좋겠다는 바램을 가지고 있었는데, 아주 좋은 기회에 어린이, 청소년 그리고 스페인어를 막 시작하려는 성인학습자들에게까지 도움을 줄 수 있는 스페인어 기초 교재를 만들 수 있어서 기쁘고 감사합니다.

이 교재를 통해 스페인어를 막 시작 하시는 분들이 스페인어를 즐겁고 재미있게 학습할 수 있는 경험을 선물할 수 있기를 기대해 봅니다.

BBB SPANISH의 BBB는 어떤 뜻인가요?

처음에는 **한국어교육과 스페인어 교육 그리고 멕시코 인디헤나들의 전통 공예품 서비스를 제공**하면서 스페인어의 Bonito (예쁜), Bueno(좋은), Barato(저렴한)의 뜻으로 합리적인 가격과 우수한 퀄리티의 수업과 제품을 제공하겠다는 뜻을 담았습니다.

BBB 스페인어의 로고는 어떤 의미를 가지고 있나요?

BBB의 **로고는 멕시코 전통 종이공예인 Papel picado라는 것에서 아이디어**를 가지고 왔습니다. 멕시코에서는 명절이나 잔칫날에 이 종이공예를 걸어서 좋은 일이 있다는 것을 알리곤 하는데요, BBB 서비스를 이용하시는 모든 분들께 모두 좋은 일이 있으시길 바라는 마음을 담았습니다.

이 교재로 무엇을 배울 수 있나요?

다른 나라말을 배운다는 것은 수많은 기초 어휘와 문법, 문형이 모아 만들어지는 과정입니다. 그 과정을 넘기 위해서는 제일 중요한 것은 그것을 제대로 알고 공부하는 것이라고 생각합니다. 저희는 언어를 배우기 시작할 때 가장 필요한 기초적인 요소들을 체계적으로 담았습니다.

이 교재를 추천하는 학습자 층은 누구인가요?

1. 스페인어에 관심이 많은 초등학생
2. 스페인어를 제2외국어로 삼고 싶은 중. 고등학생
3. 우리 자녀들에게 스페인어를 엄마와 함께 공부해주고 싶은 엄마
4. 스페인어를 배워 본 적 없는 성인 왕초보 학습자
5. 스페인 또는 중남미로 훌쩍 여행을 떠나고 싶은 분

_____ 들께
저희 BBBSPANISH 주니어 교재를 추천합니다.

놀러오세요!

Español Junior
이 책의 구성과 활용법

① 스페인어 알파벳

스페인어 알파벳을 동영상 강의와 함께
차근차근 학습하도록 합니다.

동영상 강의

알파벳표

② Cultura de los países.
스페인과 중남미 문화 이야기

스페인과 중남미 문화 이야기를 읽고,
스페인어를 모국어로 사용하는 나라들의
문화에 대해 알아봅니다.

③ El diario de hoy
오늘의 대화

기본 대화를 읽고 스스로 해석해
봅니다.
QR코드를 통해 동영상 강의를
들으면서 오늘의 공부 내용을
확인합니다.

동영상 강의

④ Vocabulario de hoy
차근차근 익혀요

먼저 혼자 책으로 천천히 어휘를
읽어봅니다.
QR코드에 원어민 음원을 들으면서
같이 읽어보며 어휘를 익힙니다.

동영상 강의

❺ Gramática de hoy 실력을 쑥쑥 키워요

QR코드를 통해 앞선 강의를 들으면서 배운 내용을 먼저 복습하고
심화학습을 합니다.
교재와 동영상 강의를 통해 스페인어 표현과 사용법을 확장합니다.

동영상 강의

❻ Practiquemos 재미있게 연습해요

오늘 배운 내용을 연습하여 나의 실력을 점검해 봅니다.

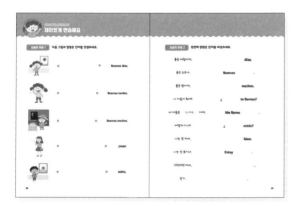

❼ Hablemos 실력을 확인해요.

연습문제를 통해 나의 스페인어 실력을 향상하도록
합니다.

❽ Aprender más 다양한 표현을 더 배워요.

새로운 어휘 확장을 통해 나의 스페인어 실력을 한 단계 성장하도록 합니다.

원어민 음성 전체 듣기 🎧

※ QR코드로 원어민 음성 전체를 들을 수 있으며
별도의 원어민 음성 mp3파일은 moonyelim.com 고객센터–자료실에서 무료로 다운받을 수 있습니다.

스페인어를 배워야 하는 3가지 이유

스페인어를 사용하는 나라가 이렇게 많구나~!

스페인어를 사용하는 국가

아르헨티나

볼리비아

칠레

콜롬비아

코스타리카

쿠바

엘살바도르

에콰도르

스페인

과테말라

온두라스

멕시코

니카라과

파나마

파라과이

페루

푸에르토리코

도미니카공화국

우루과이

베네수엘라

① 언어적 파워가 강한 스페인어

Q. 전 세계에서 가장 많이 사용되는 언어는 어떤 언어일까요?
A. 정답은 중국어입니다.

　전세계에서 가장 많은 인구수를 보유하고 있는 중국. 전 세계에 약 9억 6천만 명 정도가 중국어를 모국어로 사용하고 있습니다.

Q. 중국어 다음으로 가장 많이 사용되고 있는 언어는 어떤 언어일까요?
A. 정답은 스페인어입니다.

　스페인어는 상당히 파워가 강한 언어입니다. 그 이유는 바로, 스페인어는 한 국가에서만 사용하는 언어가 아니라는 점입니다. 스페인어는 유럽의 스페인을 비롯해 멕시코부터 아르헨티나까지 남미의 브라질을 제외한 (브라질은 포루투갈어를 사용) 21개국에서 스페인어를 모국어로 사용 중입니다. 이는 국제사회에서 스페인어가 얼마나 강력한 힘을 가진 언어인지 알 수 있습니다.

　특히 스페인어의 중요성은 스페인어 사용국의 숫자보다 미국에서의 스페인어의 비중이 커지고 있다는 사실입니다. 미국 내 히스패닉(Spnish Native Speaker)의 인구증가와 그 영향력이 점점 커짐에 따라 스페인어의 비중은 점점 늘어나고 있습니다. 미국 어느 곳에가든 스페인어 안내판 및 스페인어를 사용하는 사람들을 자연스럽게 만날 수 있는 상황입니다. 세계의 리더인 미국에서 스페인어의 중요성이 커지면서 스페인어의 언어적 파워는 점점 더 강해질 것으로 보입니다.

커뮤니티 코로나바이러스 테스트 센터를 위해 영어와
스페인어로 된 안내문

Conejo 버스 서비스 및 LSA Tax Services 외부 매장 앞
스페인어 간판과 광고가 있는 창문

② 희소가치 있는 스페인어

스페인어는 비즈니스로 사용할 기회가 상당히 높아 희소가치 있는 언어입니다. 아직까지 한국에서는 한국과 지리적, 경제적, 문화적으로 가까운 중국어와 일본어에 비해 스페인어는 떨어져있는 거리만큼이나 멀게만 느껴지는 언어임이 분명합니다. 하지만 미주지역 및 유럽, 중남미에서는 어디서나 스페인어의 영향력을 느낄 수 있습니다.

2년 전 미국에 갔을 때, 어느 가게에 가든 스페인어로 대화할 수 있었고, 어딜 가든 스페인어 안내판과 안내원이 있었습니다. 미국이었지만 영어보다 스페인어를 더 많이 사용했고, 특히 저희 두 딸은 동양인 얼굴로 스페인어를 완벽히 구사해서 미국에서 만나는 모든 사람들의 관심과 칭찬을 받았던 기억이 있습니다.

중남미에 위치해 있는 나라들은 대부분 개발도상국가로 우리나라의 선진 기술을 많이 필요로 하는 국가들입니다. 지금도 우리나라의 많은 기업들이 중남미 국가에 진출해 있는 상황으로 앞으로 계속해서 교류가 많아질 것이며, 이로 인해 스페인어를 구사할 수 있는 인재의 수요가 높아질 것입니다. 하지만 한국에서는 아직까지 스페인어를 구사할 수 있는 인재는 많이 부족한 상황입니다.

무엇보다 분명한 사실은 위와 같은 이유로 앞으로 스페인어 사용국가와 더불어 스페인어는 향후 언어적 파워와 희소성까지 더해져 영향력이 높아질 것이 분명합니다.

Q. 우리아이들의 제 2외국어로 스페인어, 어떤가요?

③ 스페인어를 배우면
프랑스어, 이탈리아어, 포르투갈어를 배우기 쉽다.

스페인어를 사용하는 사람과 포루투갈어를 사용하는 사람들은 각자의 모국어만 사용해서도 대화가 통한다고 합니다. 그 이유는 스페인어와 포르투갈어는 89%, 이탈리아어 하고는 82%, 프랑스어 하고는 75%가 비슷하기 때문입니다. 실제로 아래 예시 표를 보시면 더 이해가 됩니다. 저도 예전에 한국 가는 비행기 안에서 브라질에 사는 일본 사람을 만났는데, 저는 스페인어로 일본사람은 포르투갈어로 대화했던 기억이 있습니다. 정말 신기한 경험이었습니다.

스페인어	이탈리아어	포르투갈어
casa	casa	casa
amigo	amico	amigo
madre	madre	mãe
padre	padre	pai
amor	amore	amor

Q. 스페인어를 배워야하는 이유, 제 2외국어를 스페인어로 해야만 하는 이유가 확실해졌나요?

이제 오늘부터 스페인어 시작해 볼까요?

목차

알파벳표

A a 아	**B b** 베	**C c** 쎄
D d 데	**E e** 에	**F f** 에페
G g 헤	**H h** 아체	**I i** 이
J j 호따	**K k** 까	**L l** 엘레

M m	N n	N ñ
에메	에네	에녜

O	P p	Q q
오	뻬	꾸

R r	S s	T t
에ㄹ레	에쎄	떼

U u	V v	W
우	우베	우베도블레

X x	Y y	Z z
엑기스	이그리에가	쎄따

¡Hola!
Me llamo Vivi.

안녕! 내 이름은 비비야.

스페인과 중남미문화이야기

스페인어를 사용하는 다양한 나라에 대해서 배워봐요!

첫번째 나라, 스페인 🇪🇸

매 과마다 스페인어를 모국어로 사용하는 나라에 대해서 배워보는 시간을 가져 볼 거예요. 스페인어 하나로 전 세계의 다양한 나라 사람들과 소통할 수 있고 다양한 문화를 배울 수 있어요. 같이 한 번 알아볼까요?

　　스페인어하면 가장 먼저 생각나는 나라는 어느 나라 일까요?

　　네 맞아요. 바로 '태양의 나라', '정렬의 나라', '축구의 나라'로 잘 알려진 유럽의 스페인이에요. 스페인의 정식 국명은 스페인 왕국(Kingdom of Spain)이고 수도는 마드리드예요. 유럽의 서쪽 이베리아 반도에 위치해 있어요. 나라 크기는 한반도의 약 두 배 정도이고, 스페인어를 사용하는 나라예요. 그렇다면 왜 '태양의 나라'일까요? 그 이유는 스페인 역사에서 찾아 볼 수 있는데요, 역사상 처음으로 태양이 지지 않는 나라를 세움으로 붙여진 이름이라고 해요. 그러면 또 왜 '정렬의 나라'라고 불리울까요? 그건 아마도 정렬, 열정을 상징하는 붉은색이 돋보이는 국기와 붉은색의 천을 들고 맨몸으로 황소와 싸우는 투우사의 모습, 그리고 빨간색 드레스를 입고 빨강 장미를 머리에 장식한채 춤을 추는 플라멩코 때문이 아닐까요? 그러면 오늘 우리 함께 태양과 정렬의 나라 스페인을 생각하며 재미있게 스페인어를 배워 봐요!

공부에 앞서 오늘 배울 내용을 큰 소리로 따라 읽어요.

Viviana   **Buenos días.** 좋은 아침이야.

Débora   **Buenos días. ¿Cómo te llamas?**

좋은 아침이야. 너 이름이 뭐야?

Me llamo Débora.

내 이름은 데보라야.

Viviana   **Me llamo Viviana. ¿Cómo estás, Débora?**

내 이름은 비비아나야. 데보라 어떻게 지내?

Débora   **Yo estoy bien. ¿Y tú?** 나는 잘 지내. 너는?

Viviana   **Yo estoy bien. Gracias.** 잘 지내. 고마워.

Buenos días. ¿Cómo te llamas?
좋은 아침이야. 너 이름은 뭐야?

Me llamo Débora.
내 이름은 데보라야.

 오늘의 단어를 꼼꼼하게 배워요.

Buenos días.
좋은 아침이야.

Buenas tardes.
좋은 오후야.

Buenas noches.
좋은 밤이야.

¡Hola!
안녕!

Adiós.
잘가.

¿Cómo estás?
어떻게 지내?

Estoy bien.
나는 잘 지내.

Estoy mal.
나는 잘 못 지내.

Más o menos.
그럭저럭지내.

 꼭 필요한 문법의 개념을 공부해요.

✔ 스페인어로 상대방의 이름을 물어볼 때는 "**¿Cómo te llamas?** 너 이름은 뭐야?"라고 묻고,

✔ 나의 이름을 답할 때는 "**Me llamo OOO.** 내 이름은 OOO이야." 라고 표현합니다.

1 **¡Hola! ¿Cómo te llamas?** 안녕! 너 이름은 뭐야?
Me llamo Viviana. 내 이름은 비비아나야.

2 **¡Hola! ¿Cómo te llamas?** 안녕! 너 이름은 뭐야?
Me llamo Débora. ¿Y tú? 내 이름은 데보라야. 너는?

3 **Mucho gusto.** 만나서 반가워.
(스페인에서는 Encantado / Encantada로 사용하기도 합니다.)

TIP
스페인어에서 의문문엔 거꾸로 된 물음표 ¿ 가, 감탄문엔 거꾸로된 느낌표 ¡ 가 문장을 시작할 때 사용해요. 거꾸로된 물음표랑 느낌표가 재미있죠?

¡Hola! ¿Cómo te llamas?
안녕! 너 이름은 뭐야?

Me llamo Débora. ¿Y tú?
내 이름은 데보라야. 너는?

Me llamo Viviana.
내 이름은 비비아나야.

Mucho gusto.
만나서 반가워.

오늘의 연습 1 다음 그림과 알맞은 단어를 연결하세요.

 ● ● Buenos días.

 ● ● Buenas tardes.

 ● ● Buenas noches.

 ● ● ¡Hola!

 ● ● Adiós.

빈칸에 알맞은 단어를 써넣으세요.

좋은 아침이야.   **días.**

좋은 오후야.   **Buenas**   **.**

좋은 밤이야.   **noches.**

너 이름이 뭐야?   **¿**   **te llamas?**

내 이름은   친구이름   이야.   **Me llamo**   **.**

어떻게 지내?   **¿**   **estás?**

나는 잘 지내.   **bien.**

나는 잘 못지내.   **Estoy**   **.**

그럭저럭 지내.   **.**

잘가.   **.**

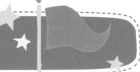

오늘의 실력확인 아래의 대화를 실제처럼 말해보세요.

Ex1

¿Cómo te llamas? 너 이름이 뭐야?

Me llamo _____. 내 이름은 제니야.

Mucho gusto, Jenny. 만나서 반가워 제니.

Ex2

¿ _____ **?** 너 이름이 뭐야?

Me llamo _____. 내 이름은 쏘니야.

Mucho gusto, Sonny. 만나서 반가워 쏘니.

Ex3

엄마   **Buenas tardes.**

친구   **Buenas tardes.**

엄마   **¿Cómo te llamas?**

친구   **Me llamo** _____.

엄마   **¿Cómo estás,** _____ **?**

친구   **Yo estoy bien. ¿Y tú?**

엄마   **Bien.**

APRENDER MÁS
다양한 표현을 더 배워요.

¿Qué tal?
어떻게 지내?

¡Que te vaya bien!
잘가요!

¡Hasta luego!
나중에 봐!

¡Hasta pronto!
곧 보자!

¡Adiós!
잘가!

¡Nos vemos!
또 봐!

¡Chao!
안녕! (헤어질때)

Soy coreana.

나는 한국사람이야.

스페인과 중남미문화이야기

스페인어를 사용하는 다양한 나라에 대해서 배워요!

멕시코

우리에게 '기억해 줘~' 라는 노래로 잘 알려진 디즈니 영화 '코코'의 배경이 된 나라는 어디일까요? 네, 바로 멕시코예요. 멕시코 정식 명칭은 멕시코 합중국(United Mexican States)으로, 미국 아래에 위치해 있으며 삼면이 바다로 둘러쌓여 있고, 한국의 20배 정도 되는 아주 큰 나라예요. 멕시코의 수도는 멕시코 시티(Mexico city)이며, 멕시코도 스페인어를 사용한답니다. 멕시코는 무엇이 유명할까요? 멕시코 하면 선인장, 그리고 챙이 넓은 멕시코모자(Sombrero)와 야외에서 음악을 연주하는 마리아치(Mariachi), 또 타코와 퀘사디아의 나라이기도 합니다. 스페인어를 배워서 영화 '코코'의 'Recuérdame(기억해줘)'를 스페인어로 불러보는건 어떨까요?

공부에 앞서 오늘 배울 내용을 큰 소리로 따라 읽어요.

Viviana **Hola, ¿de dónde eres tú?** 안녕, 너는 어디 출신이야?

Débora **Hola, yo soy de Corea. Soy coreana. ¿Y tú?**
안녕, 나는 한국 출신이야. 나는 한국 사람이야.(한국 여자) 너는?

Viviana **Yo soy de España. Soy española.**
나는 스페인 출신이야. 나는 스페인 사람이야. (스페인 여자)

Débora **Mucho gusto.** 만나서 반가워.

Viviana **Mucho gusto.** 만나서 반가워

Hola, ¿de dónde eres tú?
안녕, 너는 어디 출신이야?

Yo soy de Corea. Soy coreana. ¿Y tú?
나는 한국 출신이야. 나는 한국 사람이야. 너는?

Yo soy española.
나는 스페인 사람이야.

VOCABULARIO DE HOY 차근차근 익혀봐요

 오늘의 단어를 꼼꼼하게 배워요.

Corea 한국   coreano - coreana 한국 사람

España 스페인   español - española 스페인 사람

México 멕시코   mexicano - mexicana 멕시코 사람

Perú 페루   peruano - peruana 페루 사람

China 중국   chino - china 중국 사람

Chile 칠레   chileno - chilena 칠레 사람

Rusia 러시아   ruso - rusa 러시아 사람

Japón 일본   japonés - japonesa 일본 사람

Francia 프랑스   francés - francesa 프랑스 사람

Estados Unidos 미국   estadounidense 미국 사람

TIP

스페인어는 남자와 여자를 구분해서 말해요! 대부분 남자는 o로 끝나고 여자는 a로 끝나요.
하지만 미국사람을 말할때는 남자, 여자 둘다 estadounidense를 사용해요.

🔍 **꼭 필요한 문법의 개념을 공부해요.**

✓ 나라 및 국적을 질문 할때는 **Dónde(어디)**를 이용해 "**¿De dónde eres tú?** 너는 어디 출신이야?"로 물어봐요.

✓ 나의 출신을 말할 때는 **Soy de + 나라명**을 이용해 "나는 ~나라 출신이야"라고 말할 수 있어요.

✓ 나의 국적을 말할 때는 **Soy + ~나라사람**으로 "나는 ~ 나라 사람이에요."라고 말할 수 있어요.

　ej) **Soy coreana.** 나는 한국 출신이야. (국적을 나타냄)

① **Hola, ¿de dónde eres tú?** 안녕, 너는 어느나라 출신이야?

Hola, yo soy de Corea. Soy coreano ¿Y tú?

안녕, 나는 한국출신이야. 나는 한국 사람이야. (한국 남자) 너는?

Yo soy de Japón. Soy japonés.

나는 일본 출신이야. 나는 일본 사람이야. (일본 남자)

② **Hola, ¿de dónde eres tú?** 안녕, 너는 어느나라 출신이야?

Hola, yo soy de México. Soy mexicano. ¿Y tú?

안녕, 나는 멕시코 출신이야. 나는 멕시코 사람이야. (멕시코 남자) 너는?

Yo soy de España. Soy española.

나는 스페인 출신이야. 나는 스페인 사람이야. (스페인 여자)

③ **Hola, ¿de dónde eres tú?**

너는 어느나라 사람 (어느 나라 출신) 이야?

Hola, yo vengo de Estados Unidos.

안녕, 나는 미국에서 왔어.

Soy estadounidense. ¿Y tú?

나는 미국 사람이야. 너는?

Yo soy de China. Soy chino.

나는 중국 출신이야. 나는 중국 사람이야. (중국 남자)

Hola, ¿de dónde eres tú?
안녕, 너는 어느 나라 출신이야?
= 너는 어느나라 사람이야?

Hola, yo soy de España.
Soy española. ¿Y tú?
안녕, 나는 스페인 출신이야.
나는 스페인 사람이야. (스페인 여자) 너는?

TIP

스페인어로 국적을 말하는 방법은 3가지가 있어요.

1. **Soy de** 나라: 나는 ~나라 출신이야.
2. **Soy** 국적: 나는 ~나라 사람이야.
3. **Vengo de** 나라: 나는 ~나라에서 왔어.

오늘의 연습 1 다음 그림과 알맞은 단어를 연결하세요.

Corea ●   ● 🔴

España ●   ● ▮▯▮

México ●   ● ⭐

Perú ●   ● ▮▯▮

China ●   ● ⭐

Japón ●   ● ☯

Estados Unidos ●   ● 🇺🇸

Rusia ●   ● 🇲🇽

Francia ●   ● 🇪🇸

Chile ●   ● ▬

다음 그림을 보고 예문과 같이 국적을 스페인어로 쓰세요.

Corea

coreano / coreana

España

México

Perú

China

Japón

Estados unidos

Rusia

Francia

Chile

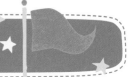

오늘의 실력확인 아래의 대화를 실제처럼 말해보세요.

 Ex1

A ¿De dónde eres tú? 너는 어디 출신이야?

B Yo soy de   .
Yo soy coreano.

나는 한국 출신이야.
나는 한국 사람이야. (한국 남자)

Ex2

A ¿De dónde eres tú? 너는 어디 출신이야?

B Yo vengo de   .
Yo soy español.

나는 스페인에서 왔어.
나는 스페인 사람이야. (스페인 남자)

Ex3

A ¿De   eres?
너는 어디 출신이야?

B Yo soy de   .

Yo soy   .

나는 멕시코 출신이야.
나는 멕시코 사람이야. (멕시코 남자)

Ex4

A ¿   eres?
너는 어디 출신이야?

B Yo soy de   .

Yo soy   .

나는 미국 출신이야. 나는 미국 사람이야.

India
인도

Alemania
독일

Italia
이탈리아

Vietnam
베트남

Inglaterra
영국

Turquía
터키

Portugal
포르투갈

Bélgica
벨기에

Argentina
아르헨티나

Sudáfrica
남아프리카 공화국

Finlandia
핀란드

Suiza
스위스

Canadá
캐나다

Tailandia
태국

Austria
오스트리아

Brasil
브라질

Mi papá es policía.

우리 아빠는 경찰이야.

스페인과 중남미 문화이야기

스페인어를 사용하는 다양한 나라에 대해서 배워요!

아르헨티나

세계적인 축구스타 '메시'의 나라는 어디일까요? 바로 아르헨티나예요. 아르헨티나는 남미에서 브라질에 이어 두 번째로 넓은 영토를 가진 나라로 정식 명칭은 아르헨티나 공화국(Argentine Republic), 수도는 부에노스아이레스, 언어는 역시 스페인어를 사용해요. 스페인 식민지 시대에는 스페인어로 '은'을 뜻하는 '라 플라타(La Plata) 식민지'로 불렸는데 이는 스페인 사람들이 이 땅에 처음 이르렀을 때, 라 플라타 강 상류에 은으로 된 산맥이 있다고 믿었던 것에 유래하여 이름을 붙이고 이를 지역명으로 한 것이라고 해요. 하지만, 독립 직후 스페인어 대신 라틴어로 의역한 아르헨티나를 국명으로 채택해 아르헨티나가 되었다고 하네요. 아르헨티나에는 미국과 캐나다의 경계에 있는 **'나이아가라 폭포'**와 아프리카의 **'빅토리아 폭포'**와 함께 세계 3대 폭포로 유명한 **'이과수 폭포'**가 유명해요. 그 중 이과수 폭포는 규모면에서 세계 1위의 규모로, 아르헨티나, 브라질, 파라과이 등 3개 국가의 국경지대에 걸쳐 있으며 그 규모 만큼이나 **'악마의 목구멍'** 이라는 별명이 있을 정도로 유명해요. 스페인어를 배워서 이과수 폭포에 가보고 싶지 않나요?

공부에 앞서 오늘 배울 내용을 큰 소리로 따라 읽어요.

Miguel   **Buenos días, Viviana.** 좋은 아침이야. 비비아나.

Viviana   **Buenos días, Miguel.** 좋은 아침이야. 미겔.

Miguel   **¿Quién es él?** 그는 누구야?

Viviana   **Él es mi papá. Mi papá es policía.**
그는 우리 아빠야. 우리 아빠는 경찰이야.

Él es mi papá. Mi papá es policía.
그는 우리 아빠야. 우리 아빠는 경찰이야.

¿Quién es él?
그는 누구야?

✏️ 오늘의 단어를 꼼꼼하게 배워요.

el / la cantante
가수

el / la estudiante
학생

el / la maestro/a
선생님

el / la periodista
기자

el / la doctor/a
의사

el / la pintor/a
화가

el / la cocinero/a
요리사

el / la abogado/a
변호사

el / la bombero/a
소방관

GRAMÁTICA DE HOY
실력을 쑥쑥 키워요

🔍 꼭 필요한 문법의 개념을 공부해요.

✓ 나의 직업을 말할 때는 "**Yo** soy **직업. 나는 ~야.**"라고 말합니다.

　　ej Yo soy **estudiante.** 나는 학생이야.

✓ 엄마, 아빠의 직업을 말할 때는 "**Mi papá es 직업. 우리 아빠는 ~야.**", "**Mi mamá es 직업. 우리 엄마는 ~야**" 라고 말합니다.

✓ 스페인어는 주어에 따라 동사변화를 하는데 **ser동사가 yo(나) 일 때** soy, **tú(너)는** eres, **él, ella, usted(그, 그녀, 당신)은** es로 변화합니다.

✓ 다른 사람의 직업을 물을 때는 "**¿Tú** eres **+ 직업?**"으로 질문합니다.

● ser 동사는 스페인어의 be동사로 직업, 나이, 성별, 국적, 외모, 성격, 본질 등을 표현할 때 사용합니다.

ser	
yo	soy
tú	eres
usted, él, ella	es
nosotros/as	somos
vosotros/as	sois
ustedes, ellos, ellas	son

ser ~이다

yo 나 : **Yo** soy **estudiante.** 나는 학생이야.

tú 너 : **Tú** eres **maestra.** 너는 선생님이야.

él 그 : **Él** es **cocinero.** 그는 요리사야.

ella 그녀 : **Ella** es **pianista.** 그녀는 피아니스트야.

usted 당신 : **Usted** es **bombero.** 당신은 소방관입니다.

nosotros(남자만)/**nosotras**(여자만) 우리

- **Nosotros** somos **científicos.** 우리(남자들)는 과학자야.

- **Nosotras** somos **pianistas.** 우리(여자들)는 피아니스트야.

vosotros(남자만)/**vosotras**(여자만) 너희

- **Vosotras** sois **maestras.** 너희들은 선생님이다.

- **¿Vosotros** sois **oficinistas?** 너희들은 회사원이야?

ellos 그들 : **Ellos** son **doctores.** 그들은 의사야.

ellas 그녀들 : **Ellas** son **cantantes.** 그녀들은 가수야.

ustedes 당신들 : **Ustedes** son **artistas.** 당신들은 예술가입니다.

TIP

스페인어의 명사는 성이 있어요. 남성 명사 앞에는 el, 여성 명사 앞에는 la가 붙어요.

ex) el cocinero 남자 요리사
　　La cocinera 여자 요리사

재미있게 연습해요

오늘의 연습 1 다음 그림과 알맞은 단어를 연결하세요.

el/la policía · · · el/la cantante · · · el/la estudiante · · · el/la maestro/a · · · el/la periodista

el/la doctor/a · · · el/la pintor/a · · · el/la cocinero/a · · · el/la abogado/a · · · el/la bombero/a

오늘의 연습 2 빈칸에 알맞은 단어를 써넣으세요.

경찰	el/la policía
가수	
학생	
선생님	
기자	
의사	
화가	
요리사	
변호사	
소방관	

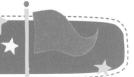

HABLEMOS 실력을 확인해요

오늘의 실력확인 아래의 대화를 실제처럼 말해보세요.

엄마 ¿Tú eres ___? 너는 가수야?

친구 Sí, yo ___ cantante. 응, 나는 가수야.

친구 ¿Tú eres ___? 너는 학생이야?

엄마 Sí, yo soy ___. 응, 나는 학생이야.

엄마 ¿Tú ___? 너는 기자야?

친구 Sí, yo ___. 응, 나는 기자야.

친구 ¿Tu papá ___? 너희 아빠는 선생님이야?

엄마 Sí, mi papá ___. 응, 우리 아빠는 선생님이야.

엄마 ¿Tu mamá ___? 너희 엄마는 요리사야?

친구 Sí, ___. 응, 우리 엄마는 요리사야.

친구 ¿ ___? 그는 소방관이야?

엄마 No, él no ___. 아니, 그는 소방관이 아니야.

bailarín - bailarina

발레리노 – 발레리나

camarero - camarera

남자 웨이터 – 여자 웨이터

médico - médica

남자 의사 – 여자 의사

fotógrafo

사진작가

modelo

모델

pianista

피아니스트

actor - actriz

남자 배우 – 여자 배우

taxista

택시운전사

electricista

전기기사

cantante

가수

deportista

운동선수

veterinario - veterinaria

남자 수의사 – 여자 수의사

profesor - profesora

남자 교수 – 여자 교수

recepcionista

접수원

secretario - secretaria

남자 비서 – 여자 비서

enfermero - enfermera

남자 간호사 – 여자 간호사

Voy a la escuela.

나는 학교에 가.

스페인과 중남미 문화이야기

스페인어를 사용하는 다양한 나라에 대해서 배워요!

페루 🇵🇪

귀여운 아래 동물 친구는 누구일까요? 이 동물은 아메리카 낙타라고 불리는 야마(llama)라는 친구예요. 너무 귀엽죠? 이 친구는 어느나라에 가면 볼 수 있을까요? 남미 페루에 살고있어요. 페루는 어떤 나라인지 알아볼까요? 페루는 남아메리카에서 세 번째로 큰 나라이며 정식 명칭은 페루공화국(Republic of Peru)으로 수도는 리마(Lima)예요. 남아메리카에서 유일하게 4000년 넘게 고대 문화유산을 간직하고 있는 나라이기도 해요. 페루는 다인종 국가로, 고대 잉카문명의 꽃을 피웠던 인디오가 전체 인구의 반 가까이 되며 공용어로는 스페인어를 사용해요. 페루에는 태양의 도시, 공중 도시, 그리고 잃어버린 도시라 불리는 **마추픽추(Machu Picchu)**라는 세계문화유산이 있는 나라이기도 해요. 마추픽추는 1911년에 한 탐험가에 의해 '발견'되기 전까지 누구에게도 알려지지 않았던 도시였고, 덕분에 아주 오랫동안 훼손 당하지 않고 온전히 남아있을 수 있었다고 해요. 해발고도 2430미터의 산 정상에 자리 잡은 계단식 성곽 도시는 잉카 제국에서 유일하게 정복자의 손이 닿지 않은 곳이면서 페루 원주민들에게는 마음의 고향으로 전 세계인의 사랑 받는 곳이라고 하네요. 스페인어를 배워서 신비의 땅, **마추픽추(Machu Picchu)**에 가보지 않을래요?

공부에 앞서 오늘 배울 내용을 큰 소리로 따라 읽어요.

Débora   **¿A dónde vas?** 너 어디가?

Viviana   **Yo voy a la escuela. ¿Y tú?**
나는 학교에 가. 너는?

Débora   **Yo voy al mercado.** 나는 시장에 가.

¿A dónde vas?
너는 어디가?

mercado

Yo voy a la escuela.
나는 학교에 가.

✏️ 오늘의 단어를 꼼꼼하게 배워요.

la escuela
학교

la biblioteca
도서관

la cafetería
커피숍

la piscina/la alberca
수영장

la panadería
빵집

la librería
서점

el restaurante
식당

la iglesia
교회

el parque de diversiones
놀이공원

el parque
공원

el mercado
시장

el parque infantil
놀이터

 꼭 필요한 문법의 개념을 공부해요.

✔ 상대방이 어디 가는지를 물을 때는 "**¿A dónde vas?** 너는 어디에 가?"로 물어봐요.

✔ 내가 가는 장소를 말할 때는 "**voy a + 장소** 나는 ~에 가."로 말해요.

✔ **a + el**이 만나면 **al**이 돼요.

1

A **¿A dónde vas?** 너는 어디에 가?

B **Yo voy al restaurante.** 나는 식당에 가.
 ✔ a + el = al

2

A **¿A dónde vas?** 너는 어디에 가?

B **Yo voy a la escuela.** 나는 학교에 가.

3

A **¿A dónde vas?** 너는 어디에 가?

B **Yo voy a la panadería.** 나는 빵집에 가.

오늘의 연습 1 다음 그림과 알맞은 단어를 연결하세요.

 •   • **la escuela**

 •   • **la biblioteca**

 •   • **la cafetería**

 •   • **la piscina / la alberca**

 •   • **la panadería**

빈칸에 알맞은 단어를 써넣으세요.

la escuela

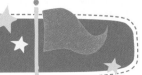

오늘의 실력확인 1 엄마와 함께 아래의 대화를 실제처럼 말하세요.

엄마 ¿A dónde vas? 너 어디에 가?

친구 _____. 나는 학교에 가요.

친구 ¿ _____? 엄마 어디에 가요?

엄마 Yo voy al _____. 나는 시장에 가.

친구 ¿ _____? 너 어디에 가?

엄마 _____. 나는 빵집에 가.

오늘의 실력확인 2 다음 지도의 장소를 보고 내가 어디에 가는지 스페인어로 쓰고 말하세요.

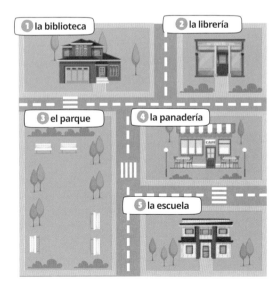

1 Yo voy a la biblioteca

2 _____

3 _____

4 _____

5 _____

banco
은행

hospital
병원

iglesia
교회

tienda
가게

universidad
대학

oficina
사무실

aeropuerto
공항

supermercado
슈퍼마켓

parada de autobús
버스정류장

gimnasio
헬스장/체육관

salón de clases
교실

empresa
회사

El libro está en la mesa.

책은 책상에 있어.

스페인과 중남미문화이야기

스페인어를 사용하는 다양한 나라에 대해서 배워요!

볼리비아

여러분 아래 사진은 어디일까요? 어디가 하늘이고 어디가 땅인지 알 수 없을 만큼 끝도 없이 펼쳐져 있는 이곳은 어디일까요? 이곳은 바로 중남미 여행객들에게 가장 가고 싶은 여행지로 꼽히는 '세상에서 가장 큰 거울' 볼리비아의 건조호수인 **'우유니 소금사막'**이에요. 원래 이곳은 거대한 호수가 있던 곳이었는데, 건조한 기후때문에 물이 모두 증발하고 소금만 남아 낮에는 하늘의 모습이 소금 호수물에 그대로 반영되어 놀라운 풍경을 볼 수 있을 뿐만 아니라 아래의 사진처럼 신기하고 기묘한 사진을 찍을 수 있는 곳으로 유명해요. 이 우유니 사막은 볼리비아에 위치하고 있는데, 볼리비아에 대해 좀 더 알아볼까요?

정식명칭은 볼리비아공화국(Republic of Bolivia)이고, 국명은 '볼리바르의 나라'라는 뜻으로, 독립운동의 영웅 시몬 볼리바르(Simon Bolivar)의 이름을 딴 것이라고해요. 헌법상의 수도는 수크레(Sucre)이고, 정부와 국회가 있는 행정수도는 라파스(La Paz)예요. 수크레는 도시 전체가 1991년 유네스코 세계유산으로 등록되어 있을 정도로 볼거리가 많은 도시이며 스페인어를 공식어로 사용해요. 스페인어를 배워서 이곳 우유니 사막에서 인생사진을 찍어 보는 것은 어떨까요?

공부에 앞서 오늘 배울 내용을 큰 소리로 따라 읽어요.

Débora   **Viviana, ¿dónde está mi lápiz?**
비비아나, 내 연필이 어디있지?

Viviana   **Tu lápiz está en la mesa.** 네 연필은 책상에 있어.

Débora   **¿Dónde está el libro?** 책은 어디에 있지?

Viviana   **El libro está en la mesa también.** 책도 책상에 있어.

✔ también은 영어의 too입니다.

¿Dónde está mi lápiz?
내 연필이 어디있지?

Tu lápiz está en la mesa.
네 연필은 책상에 있어.

오늘의 단어를 꼼꼼하게 배워요.

el lapicero
펜

el papel
종이

el paraguas
우산

el celular
핸드폰

la muñeca
인형

la silla
의자

la taza
머그컵

la mesa
테이블

la tableta
테블릿

🔍 꼭 필요한 문법의 개념을 공부해요.

✔ 물건의 위치를 물어볼 때는 "**¿Dónde está + 물건?** ~은 어디 있어?"로 물을 수 있어요.

✔ 물건의 위치를 말할 때는 "**Está(n) en + 위치** ~은 ~에 있어."라고 표현해요.

✔ 여러물건(복수주어)의 위치를 말할 때는 **están**를 사용해요.

* 스페인어의 위치 표현에 대해서 공부해 봐요!

encima de/arriba de
~ 위에

debajo de/abajo de
~ 아래

dentro de
~ 안에

fuera de
~ 밖에

al lado de
~ 옆에

enfrente de/delante de
~ 앞에

atrás de/detrás de
~ 뒤에

entre/en medio de
~ 사이에

1 **¿Dónde está la silla?** 의자는 어디에 있지?

La silla está al lado de **la mesa.** 의자는 테이블 옆에 있어.

● 물건 + está +위치 + 장소/사물

2 **¿Dónde está el papel?** 종이는 어디에 있지?

El papel está encima de **la silla.** 종이는 의자 위에 있어.

3 **¿Dónde están las tazas?** 머그컵(들)은 어디에 있지?

Las tazas están detrás del **libro.** 머그컵은 책 뒤에 있어.

✔ de + el이 만나면 del이 됩니다

재미있게 연습해요

 오늘의 연습 1 다음 그림과 알맞은 말을 쓰세요.

보기

dentro de, encima de, debajo de,
enfrente de, al lado de, detrás de, entre

| 코끼리는
상자 안에 있다 | El elefante está | dentro de | la caja. |

| 코끼리는
상자 위에 있다 | El elefante está | | la caja. |

| 코끼리는
상자 아래에 있다 | El elefante está | | la caja. |

| 코끼리는
상자 앞에 있다 | El elefante está | | la caja. |

| 코끼리는
상자 옆에 있다 | El elefante está | | la caja. |

| 코끼리는
상자 뒤에 있다 | El elefante está | | la caja. |

| 코끼리는
상자 사이에 있다 | El elefante está | | las cajas. |

다음 그림과 알맞은 단어를 연결하세요

●   ●   **El gato está detrás de la caja.**

●   ●   **El gato está entre las cajas.**

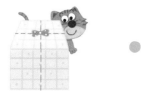

●   ●   **El gato está delante de la caja.**

●   ●   **El gato está dentro de la caja.**

●   ●   **El gato está al lado de la caja.**

●   ●   **El gato está encima / arriba de la caja.**

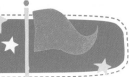

HABLEMOS 실력을 확인해요

아래의 대화를 실제처럼 말해보세요.

Ex1

En el cuarto está una mesa.
방에

방에 테이블이 하나 있어요.

La mochila está delante de la mesa.

가방이 테이블 앞에 있어요.

El libro está al lado de la mesa.

책이 테이블 옆에 있어요.

El vaso está encima/arriba de la mesa.

컵이 테이블 위에 있어요.

Ex2 아래에 내 방을 그리고 스페인어로 설명하세요

En mi cuarto

....

....

....

....

lapicero
볼펜

marcatexto
형광펜

libreta
노트

lápiz
연필

reloj
시계

borrador
지우개

regla
자

tijeras
가위

pegamento
풀

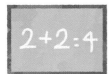

pizarrón
칠판

color / crayón
색연필

lapicera
필통

Mi hermano tiene 11 años.

우리 형은 11살이야.

스페인과 중남미 문화이야기

스페인어를 사용하는 다양한 나라에 대해서 배워요!

과테말라

여러분 아래 이 열매는 무슨 열매일까요?

이 열매가 바로 커피 채리예요. 이 커피 채리의 껍질을 까서 말려서 가공하면 생두의 형태로 만들어지고 그 생두를 불에 볶은 것이 바로 우리가 잘 알고 있는 커피의 모습이죠. 이번 과에서 소개 할 나라는 커피로 유명한 과테말라예요. 과테말라의 정식 국가 명칭은 과테말라공화국(The Republic of Guatemala)이며, 멕시코와 엘살바도르 사이에 위치해 있어요. 면적은 한반도의 약 1/2 크기 이며, 수도는 과테말라시티(Ciudad de Guatemala)이고 스페인어를 사용해요.

과테말라 또한 마야문명의 중심지였던 곳으로 300년 동안 스페인의 식민지배를 받다가 1821년 9월 독립하여 1847년 정식으로 공화국이 된 나라예요. 전체 인구의 1/4이 커피산업에 종사하고, 수출품목에서 커피가 30% 이상을 차지하고 있어 국가 정책적으로 우수한 품질의 커피를 생산하기 위해 노력하고 있다고해요. 그만큼 맛있는 커피를 맛볼 수 있겠죠? 과테말라에는 안티구아라는 유명한 관광지가 있는데, 그 곳 커피 맛이 아주 좋다고 해요. 스페인어를 배우면 커피를 좋아하는 부모님과 함께 현지에서 생산한 맛있는 과테말라 안티구아의 고급 커피를 마시러 가 볼 수 있지 않을까요?

공부에 앞서 오늘 배울 내용을 큰 소리로 따라 읽어요.

Débora   **Yo tengo 11 años. ¿Y tú?**   나는 11살이야. 너는?

Miguel   **Yo también tengo 11 años.**   나도 11살이야.

Débora   **¿Cuántos años tiene tu hermano?**   너희 형은 몇 살이야?

Miguel   **Mi hermano tiene 13 años.**   우리 형은 13살이야.

TIP

hermano라는 남자형제, hermana는 여자형제를 말해요.
형, 오빠를 말할 때는 mayor를 붙여 hermano mayor이며 언니, 누나는 hermana mayor라고 해요.
남동생, 여동생을 말할때는 menor를 붙여 hermano/a menor라고 말해요.

Yo tengo 11 años. ¿Y tú?
나는 11살이야. 너는?

Yo también tengo 11 años.
나도 11살이야.

4-3

오늘의 단어를 꼼꼼하게 배워요.

1	2	3	4	5
uno	dos	tres	cuatro	cinco

6	7	8	9	10
seis	siete	ocho	nueve	diez

11	12	13	14	15
once	doce	trece	catorce	quince

16	17	18	19	20
dieciséis	diecisiete	dieciocho	diecinueve	veinte

🔍 **꼭 필요한 문법의 개념을 공부해요.**

✓ 상대방의 나이를 물어볼 때는 "**¿Cuántos años tienes?** 너는 몇 살이이야?" 라고 물어볼 수 있어요.

✓ 나의 나이를 말할 때는 "**Yo tengo + 숫자 + años** 나는 ~살이야" 라고 표현할 수 있어요.

주의 16을 쓸때는 **dieciséis** 악센트를 꼭 써줘야 해요.

　　　21 ~ 29까지는 **veinte y uno (X) / veintiuno (O)**

　　　30~ 100까지는 십의 자리 y 일의 자리 숫자를 써줘요. **treintaicinco (X) / treinta y cinco (O)**

1 **¿Cuántos años tienes?** 너는 몇 살이야?

　　Yo tengo 15(quince) años. 나는 15살이야.

2 **¿Cuántos años tiene tu hermano?** 너희 형 몇 살이야?

　　Mi hermano tiene 13(trece) años. 우리 형은 13살이야

3 **¿Cuántos años tiene tu hermana?** 너희 언니는 몇 살이야?

　　Mi hermana tiene 20 (veinte) años. 우리 언니는 20살이야.

¿Cuántos años tiene tu hermano?

너희 형 몇 살이야?

Mi hermano tiene 13(trece) años.

우리 형은 13살이야.

재미있게 연습해요

오늘의 연습 1 다음 아래의 숫자를 스페인어로 쓰세요.

1

2

3

4

5

6

7

8

9

10

11

12

13

14

15

16

17

18

19

20

다음 그림과 알맞은 단어를 연결하세요.

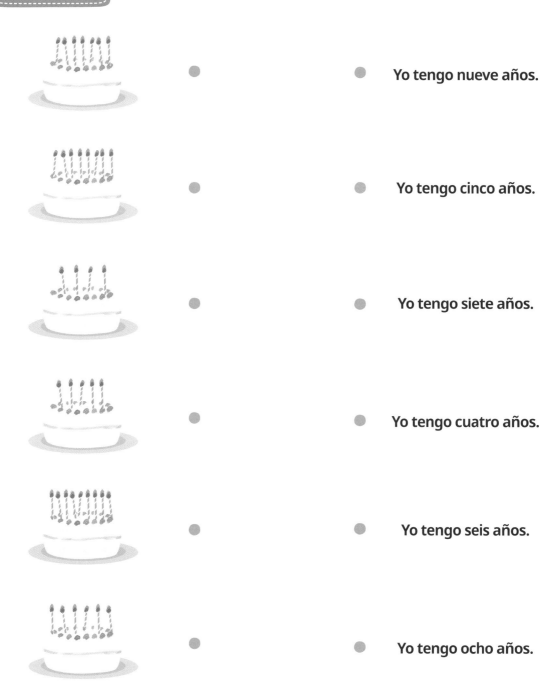

Yo tengo nueve años.

Yo tengo cinco años.

Yo tengo siete años.

Yo tengo cuatro años.

Yo tengo seis años.

Yo tengo ocho años.

오늘의 실력확인 아래의 대화를 실제처럼 말해보세요.

A ¿Cuántos años tienes, Oso? 곰아 너는 몇 살이야?

B Yo tengo 7(siete)años. 나는 7살이야.

A ¿Cuántos años tienes, Perrito? 강아지야? 너는 몇 살이야?

B   . 나는 1살이야.

A ¿Cuántos años tienes, Elefante? 코끼리야 너는 몇 살이니?

B   . 나는 3살이야.

A ¿   , Mono? 원숭이야 너는 몇 살이니?

B   . 나는 10살이야.

A ¿   , Pingüino? 펭귄아 너는 몇 살이니?

B   . 나는 2살이야.

21	31	41	51	61	71	81	91
veintiuno	treinta y uno	cuarenta y uno	cincuenta y uno	sesenta y uno	setenta y uno	ochenta y uno	noventa y uno
22	32	42	52	62	72	82	92
veintidós	treinta y dos	cuarenta y dos	cincuenta y dos	sesenta y dos	setenta y dos	ochenta y dos	noventa y dos
23	33	43	53	63	73	82	93
veintitrés	treinta y tres	cuarenta y tres	cincuenta y tres	sesenta y tres	setenta y tres	ochenta y tres	noventa y tres
24	34	44	54	64	74	83	94
veinticuatro	treinta y cuatro	cuarenta y cuatro	cincuenta y cuatro	sesenta y cuatro	setenta y cuatro	ochenta y cuatro	noventa y cuatro
25	35	45	55	65	75	85	95
veinticinco	treinta y cinco	cuarenta y cinco	cincuenta y cinco	sesenta y cinco	setenta y cinco	ochenta y cinco	noventa y cinco
26	36	46	56	66	76	86	96
veintiséis	treinta y seis	cuarenta y seis	cincuenta y seis	sesenta y seis	setenta y seis	ochenta y seis	noventa y seis
27	37	47	57	67	77	87	97
veintisiete	treinta y siete	cuarenta y siete	cincuenta y siete	sesenta y siete	setenta y siete	ochenta y siete	noventa y siete
28	38	48	58	68	78	88	98
veintiocho	treinta y ocho	cuarenta y ocho	cincuenta y ocho	sesenta y ocho	setenta y ocho	ochenta y ocho	noventa y ocho
29	39	49	59	69	79	89	99
veintinueve	treinta y nueve	cuarenta y nueve	cincuenta y nueve	sesenta y nueve	setenta y nueve	ochenta y nueve	noventa y nueve
30	40	50	60	70	80	90	100
treinta	cuarenta	cincuenta	sesenta	setenta	ochenta	noventa	cien

En mi familia somos 6.

우리 가족은 6명이야.

칠레

여러분 세계에서 가장 긴 나라는 어느 나라인지 알아요? 바로 칠레예요.

국토의 길이가 긴 만큼 광활한 사막에서부터 빙하에 이르기까지 다양한 자연환경을 가진 나라이기도 하죠. 정식 명칭은 칠레공화국(Republic of Chile)으로, 수도는 산티아고(Santiago)이며, 공용어로 스페인어를 사용해요. 오늘날 칠레는 남아메리카에서 상당히 안정적이고 번영한 나라로 라틴 아메리카에서 선도적인 위치에 있는 나라에요.

칠레에는 유명한 세계 문화 유산이 있는데, '세상의 끝'으로 불리우는 이스터섬에 남아 있는 얼굴 모양의 **모아이 석상**이에요. 제작 이유와 방법은 현재까지 밝혀지지 않았다고 해요. 이스터섬은 16세기 초 네덜란드 탐험가들에 의해 처음 발견이 되었는데, 발견된 날이 딱 부활절(Día de Pascua)이여서 붙여진 이름이라고 하네요. **모아이 석상**은 섬 전체에 약 887구가 자리하고 있고, 현재까지 지상 최고의 수수께끼 가운데 하나라고 해요. 남태평양 한 가운데 떠 있는 작은 섬에 누가, 언제, 어떻게, 왜 이 석상을 세웠는지 미스터리이기 때문이죠. 어떤 사람들은 외계인이 만들었다는 이야기를 하기도 한다고 하는데, 지금까지는 섬에 살던 원주민들이 흉년과 폭풍을 잠재우고자 세웠다는 설이 가장 믿을 만한 이야기라고 해요. 세상의 끝 이스타섬! 스페인어를 배워두면 우리가 이 신비로운 이스터섬에 가볼 가능성이 좀 높아지겠죠?

공부에 앞서 오늘 배울 내용을 큰 소리로 따라 읽어요.

Débora　　¿Cuántos son en tu familia? 너희 가족은 몇 명이야?

Miguel　　En mi familia somos 6.

우리 가족은 6명이야.

Mi mamá, mi papá, mis dos hermanos,

mi hermana y yo.

우리 엄마, 우리 아빠, 남자 형제 2명, 여자 형제 1명 그리고 나.

Débora　　¡Qué grande! 정말 많다!

✔ grande는 스페인어로 크다라는 뜻이에요.
"정말 큰 가족이구나 = 대 가족이구나."라고 해석해요.

¿Cuántos son en tu familia?
너희 가족은 몇 명이야?

En mi familia somos 6.
우리 가족은 6명이야.

✏️ 오늘의 단어를 꼼꼼하게 배워요.

papá
아빠

mamá
엄마

hermano (mayor/menor)
남자 형제 (형, 오빠/남동생)

hermana (mayor/menor)
여자 형제(언니, 누나/여동생)

abuelo
할아버지

abuela
할머니

tío
삼촌, 큰아빠

tía
이모, 고모

primo/a
사촌

 꼭 필요한 문법의 개념을 공부해요.

✓ 상대방의 가족 수를 물어볼 때는 "**¿Cuántos son en tu familia?** 너희 가족은 몇 명이야?"라고 물어볼 수 있어요.

✓ 나의 가족의 수를 말할 때는 "**En mi familia somos 숫자**. 우리 가족은 ~명이야"라고 대답할 수 있어요.

1 **¿Cuántos son en tu familia?** 너희 가족은 몇 명이야?
En mi familia somos 5. 우리 가족은 5명이야.

2 **¿Cuántos son en tu familia?** 너희 가족은 몇 명이야?
En mi familia somos 10. 우리 가족은 10명이야.

3 **¿Cuántos son en tu familia?** 너희 가족은 몇 명이야?
En mi familia somos 4. 우리 가족은 4명이야.
Mi mamá, mi papá, mi hermano mayor y yo. 우리 엄마, 우리 아빠, 우리 오빠 그리고 나야.

¿Cuántos son en tu familia?
너희 가족은 몇 명이야?

En mi familia somos 4.
우리 가족은 4명이야.

오늘의 연습 1 다음 그림과 알맞은 단어를 연결하세요.

할아버지 ●   ● papá

아빠 ●   ● mamá

언니, 누나,
여동생 ●   ● hermano

삼촌, 큰아빠 ●   ● hermana

엄마 ●   ● abuelo

사촌 ●   ● abuela

형, 오빠,
남동생 ●   ● tío

이모, 고모 ●   ● tía

할머니 ●   ● primo/a

오늘의 연습 2 빈칸에 알맞은 단어를 써넣으세요.

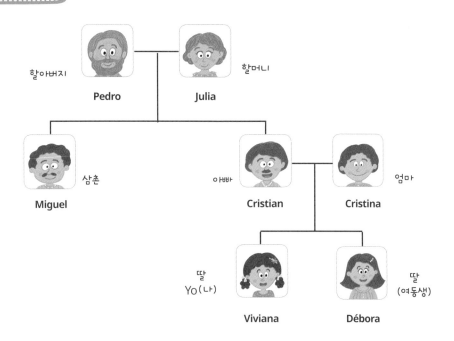

(보기)

papá mamá hermana abuelo tío

1 **Débora es** .... **de Viviana.** D'bora는 Viviana의 여자 형제이다.

2 **Cristina es** .... **de Viviana.** Cristina는 Viviana의 엄마이다.

3 **Cristian es** .... **de Viviana.** Cristian은 Viviana의 아빠이다.

4 **Pedro es** .... **de Viviana.** Pedro는 Viviana의 할아버지이다.

5 **Miguel es** .... **de Viviana.** Miguel은 Viviana의 삼촌이다.

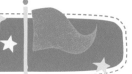

오늘의 실력확인 아래의 대화를 실제처럼 말해보세요.

Ex1

A ¿   en tu familia?

너희 가족은 몇 명이야?

B En mi familia somos   .

우리 가족은 5명이야.

Mi mamá, mi papá, mis dos hermanas y yo.

우리 엄마, 우리 아빠, 여자 형제 2명 그리고 나야.

Ex2

A ¿Cuántos son   ?

너희 가족은 몇 명이야?

B En mi familia   . 우리 가족은 4명이야.

Mi mamá, mi papá, mi hermana y yo.

우리 엄마, 우리 아빠, 내 여동생 그리고 나야.

Ex3

A ¿   ?

너희 가족은 몇 명이야?

B   .

우리 가족은 6명이야.

              .

우리 엄마, 우리 아빠, 우리 할아버지, 우리 할머니, 우리 언니
그리고 나야.

MI FAMILIA

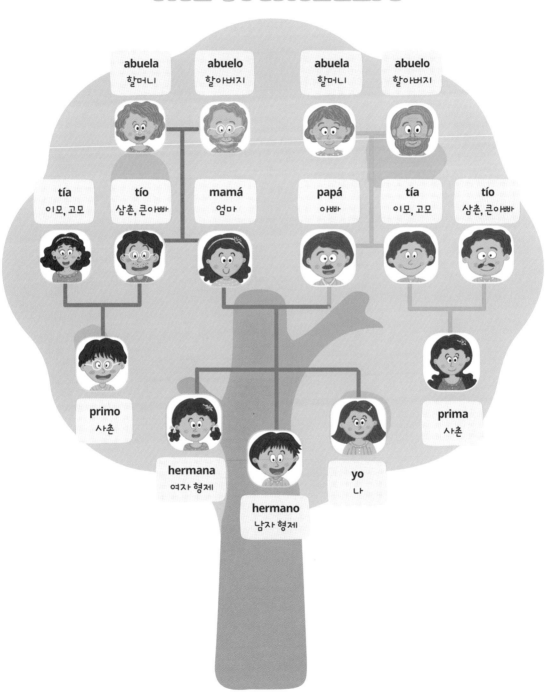

Estoy en segundo año de primaria.

나는 초등학교 2학년이야.

CULTURA DE LOS PAÍSES
스페인과 중남미 문화이야기

스페인어를 사용하는 다양한 나라에 대해서 배워요!

쿠바

오늘은 시간이 멈춘 카리브의 섬나라로 알려진 '쿠바'입니다. 쿠바는 세계에서 얼마 남지 않은 사회주의 국가이며, 아메리카 대륙 최초의 공산국가이기도 해요. 정식 국명은 쿠바 공화국 (Republic of Cuba)이고, 수도는 아바나(Havana)예요. 오랫동안 스페인의 식민지였기에, 다른 라틴 아메리카 국가들처럼 스페인어를 공식 언어로 사용해요. 미국과 남아메리카 대륙 사이에 위치하여 '아메리카 대륙의 열쇠'라는 별명을 갖고 있고, 대서양과 카리브 해를 접해, '카리브 해의 진주'라고도 불리는 나라죠. 쿠바인들은 공동체 의식을 중요하게 생각하는데, 이러한 국민적 분위기로 인해 쿠바는 사회주의 체제임에도 불구하고 외국인에게도 친근하게 대하고 치안 유지가 잘 되어 밤에도 혼자 다닐 수 있는 안전한 여행지로 꼽혀요. 특히 쿠바 하면 떠오르는 쿠바 출신의 유명한 인물이 있죠. 중남미를 여행하다 보면 아래와 같은 티셔츠를 입고 있는 사람들을 많이 볼 수 있는데 티셔츠의 주인공은 '쿠바'혁명가 **체 게바라**예요. '20세기 가장 완전한 인간'이라고 극찬을 받는 체 게바라는 아르헨티나의 중산층에서 태어나 쿠바의 혁명을 완수하고 볼리비아에서 게릴라로 생을 마감했다고해요. 특히 체 게바라가 젊었을때 친구와 함께 오토바이로 남미를 종단한 기록을 <영화 모터사이클 다이어리>로 제작해 2004년 개봉했는데 중남미 여행을 준비하는 분들에게는 여행 전 반드시 시청해야 할 영화라고 해요. 스페인어를 배우면서 영화 모터사이클 다이어리를 시청해보세요.

중남미의 나라들과 문화 그리고 스페인어까지 이해할 수 있는 시간이 될거예요.

공부에 앞서 오늘 배울 내용을 큰 소리로 따라 읽어요.

Débora **¿En qué grado estás?** 너는 몇 학년이야?

Viviana **Yo estoy en tercer año de secundaria. ¿Y tú? ¿En qué grado estás?**

나는 중학교 3학년이야. 너는? 몇 학년이야?

Débora **Yo estoy en segundo año de primaria.**

나는 초등학교 2학년이야

¿Y tu hermana mayor? 그러면 너희 언니는?

Viviana **Mi hermana mayor está en cuarto año de universidad.** 우리 언니는 대학교 4학년이야.

> **TIP**
> 스페인어에서 학년을 물어볼 때 año, grado 둘 다 사용 가능해요.
>
> - ¿En qué grado estás?
> - ¿En qué año estás?

¿En qué grado estás?
너는 몇 학년이야?

Yo estoy en tercer año de secundaria.
나는 중학교 3학년이야.

오늘의 단어를 꼼꼼하게 배워요.

la primaria	la secundaria	la preparatoria	la universidad
초등학교	중학교	고등학교	대학교

TIP

스페인어를 사용하는 지역에 따라 초등학교, 중학교는
el colegio, 고등학교를 el bachillerato로 말하기도 합니다.

estudiante de primaria

초등학생

estudiante de secundaria

중학생

estudiante de preparatoria

고등학생

estudiante de universidad

대학생

🔍 꼭 필요한 문법의 개념을 공부해요.

✔ 상대방의 학년을 물어볼 때 "**¿En qué grado estás?** 너는 몇 학년이야?"라고 물을 수 있어요.

✔ 나의 학년을 말할 때는 "**Estoy en 서수 año de 학교.** 나는 ~학교의 ~학년이야."라고 표현해요.

✔ 서수는 순서, 등수, 학년을 말할때 사용해요.

※ 스페인어의 서수를 공부해 봐요.

segundo
두번째

primero
첫번째

tercero
세번째

sexto
여섯번째

cuarto
네번째

quinto
다섯번째

1 **¿En qué año estás?** 너는 몇 학년이야?

Estoy en sexto año de primaria. 나는 초등학교 6학년이야.

> primero는 año 앞에서
> primer로 변해요!

2 **¿En qué año estás?** 너는 몇 학년이야?

Estoy en primer año de secundaria. 나는 중학교 1학년이야.

> tercero 는 año 앞에서
> tercer로 변해요!

3 **¿En qué grado estás?** 너는 몇 학년이야?

Estoy en tercer grado de preparatoria. 나는 고등학교 3학년이야.

4 **¿En qué grado estás?** 너는 몇 학년이야?

Estoy en cuarto grado de universidad. 나는 대학교 4학년이야.

오늘의 연습 1 다음 그림과 알맞은 단어를 연결하세요.

중학교 ● ● la primaria

초등학생 ● ● la secundaria

대학생 ● ● la preparatoria

중학생 ● ● la universidad

초등학교 ● ● estudiante de primaria

고등학생 ● ● estudiante de secundaria

고등학교 ● ● estudiante de preparatoria

대학교 ● ● estudiante de universidad

빈칸에 알맞은 서수를 써넣으세요.

첫번째

primero

두번째

세번째

네번째

다섯번째

여섯번째

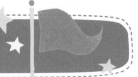
오늘의 실력확인 아래의 대화를 실제처럼 말해보세요.

Ex1 ¡Hola! Soy Minsu. Soy　　　　　 y estudiante.

안녕! 나는 민수야. 한국사람이고 학생이야.

Estoy en 　　　　　　 de primaria.

나는 초등학교 5학년이야.

Ex2 ¡Hola! 　　　 Victoria. Soy 　　　　 y estudiante.

안녕! 나는 빅토리아야. 멕시코사람이고 학생이야.

Estoy en 　　　　 de secundaria.

나는 중학교 1학년이야.

Ex3 ¡Hola! 　　　 Chang chon. Soy 　　　　 y estudiante.

안녕! 나는 장천이야. 중국사람이고 학생이야.

Estoy en 　　　　　　　　　　.

나는 고등학교 3학년이야.

Ex4 ¡Hola! 　　　 Sarai. Soy 　　　　　 y estudiante.

안녕, 나는 사라이야. 일본사람이고 학생이야.

Estoy en 　　　　　　　　 de la universidad de Seúl.

나는 서울대학교 4학년이야.

1
primero/a
첫번째

2
segundo/a
두번째

3
tercero/a
세번째

4
cuarto/a
네번째

5
quinto/a
다섯번째

6
sexto/a
여섯번째

7
séptimo/a
일곱번째

8
octavo/a
여덟번째

9
noveno/a
아홉번째

10
décimo/a
열번째

11
undecimo/a
열한번째

12
duodécimo/a
열두번째

13
décimo tercero/a
열세번째

14
décimo cuarto/a
열네번째

15
décimo quinto/a
열다섯번째

16
décimo sexto/a
열여섯번째

17
décimo séptimo/a
열일곱번째

18
décimo octavo/a
열여덟번째

19
décimo noveno/a
열아홉번째

20
vigésimo/a
스무번째

Hoy es domingo.

오늘은 일요일이야.

2017 Noviembre

dom	lun	mar	mié	jue	vie	sáb
1	2	3	4	5	6	7
8	9	10	11	12	13	14
15	16	17	18	19	20	21
22	23	24	25	26	27	28
29	30	31				

CULTURA DE LOS PAÍSES
스페인과 중남미 문화이야기

스페인어를 사용하는 다양한 나라에 대해서 배워요!

콜롬비아

오늘의 세계여행을 떠날 곳은 바로 콜롬비아예요. 콜롬비아하면 무엇이 떠오르나요? 아무래도 우리에게는 커피가 아닐까 해요. 전세계에서 브라질 다음으로 커피 생산량이 많은 나라라고 하네요. 정식국명은 콜롬비아공화국(Republic of Colombia)이고, 수도는 보고타(Santa Fe de Bogota)예요. 면적은 우리나라의 12배이며, 콜롬비아 역시 식민지의 영향으로 스페인어를 공용어로 사용해요.

콜롬비아에는 소금 성당 시파키라(Zipaquira)가 있다고해요. 콜롬비아 수도 보고타에서 북쪽으로 약 40킬로미터 떨어진 암염 동굴이에요. 이 동굴은 아주 먼 옛날 바다였던 곳이 지각변동으로 육지가 되면서 땅 속에 묻힌 소금을 캐기 위해 지하로 내려간 광부를 위해 만든 교회와 기도소가 있던 곳이에요. 자신의 안전을 위해 신께 간구했을 그 곳. 지금까지 잘 보존 되어있다는 게 신기하고, 과연 암염동굴 교회의 모습은 어떨지 궁금하죠? 지금은 조명 시스템까지 갖춰 매 순간 색이 변하며 교회에 신비로움을 더하고 있다고 해요. 스페인어를 공부하면, 이러한 중남미 곳곳의 역사와 문화를 알 수 있는 즐거움도 많답니다.

공부에 앞서 오늘 배울 내용을 큰 소리로 따라 읽어요.

Miguel   **¿Qué día es hoy?** 오늘 무슨 요일이야?

Viviana   **Hoy es domingo.** 오늘은 일요일이야.

Miguel   **¿Qué día fue ayer?** 어제는 무슨 요일이었지?

Viviana   **¡Ayer fue sábado!** 어제는 토요일이었지!

Miguel   **Entonces, mañana es lunes.** 그럼 내일은 월요일이네.

Viviana   **Sí, mañana es lunes.** 응, 내일은 월요일이야.

99

 오늘의 단어를 꼼꼼하게 배워요.

el lunes	**el martes**	**el miércoles**	**el jueves**
월요일	화요일	수요일	목요일

el viernes	**el sábado**	**el domingo**
금요일	토요일	일요일

2017 Noviembre

dom	lun	mar	mié	jue	vie	sáb
1	2	3	4	5	6	7
8	9	10	11	12	13	14
15	16	17	18	19	20	21
22	23	24	25	26	27	28
29	30	31				

hoy	**ayer**	**mañana**
오늘	어제	내일

TIP

수요일(miércoles), 토요일(sábado)에는 악센트가 있다는 거 잊지마세요!

🔍 꼭 필요한 문법의 개념을 공부해요.

✔ 오늘의 요일을 물어볼 때는 "**¿Qué día es hoy?** 오늘은 무슨 요일이야?"로 물어볼 수 있으며
   대답은 "**Hoy es + 요일.** 오늘은 ~요일이야," 로 대답해요.

✔ 어제의 요일을 물어볼 때는 "**¿Qué día fue ayer?** 어제는 무슨 요일이었지?"로 물어볼 수 있으며
   대답은 "**Ayer fue + 요일.** 어제는 ~요일이었어."로 대답해요.

✔ 내일의 요일을 물어볼 때는 "**¿Qué día es mañana?** 내일은 무슨 요일이야?"로 물어볼 수 있으며
   대답은 "**Mañana es + 요일.** 내일은 ~요일이야,"로 대답해요.

1 **¿Qué día es hoy?** 오늘은 무슨 요일이야?

- **Hoy es miércoles.** 오늘은 수요일이야.

- **Hoy es jueves.** 오늘은 목요일이야.

- **Hoy es domingo.** 오늘은 일요일이야.

2 **¿Qué día fue ayer?** 어제는 무슨 요일이었지?

- **Ayer fue lunes.** 어제는 월요일이었지.

- **Ayer fue martes.** 어제는 화요일이었지.

- **Ayer fue sábado.** 어제는 토요일이었지.

3 **¿Qué día es mañana?** 내일은 무슨 요일이야?

- **Mañana es lunes.** 내일은 월요일이야.

- **Mañana es jueves.** 내일은 목요일이야.

- **Mañana es viernes.** 내일은 금요일이야.

Hoy es miércoles.
오늘은 수요일이야.

101

재미있게 연습해요

오늘의 연습 1 다음 그림과 알맞은 단어를 연결하세요.

일 월 화 수 목 금 토
1 2 3 4 ⑤ 6 7
8 9 10 11 12 13 14
● ● domingo

일 월 화 수 목 금 토
1 ② 3 4 5 6 7
8 9 10 11 12 13 14
● ● miércoles

일 월 화 수 목 금 토
1 2 3 4 5 6 7
8 9 10 ⑪ 12 13 14
● ● sábado

일 월 화 수 목 금 토
1 2 3 4 5 6 7
8 9 10 11 12 ⑬ 14
● ● viernes

일 월 화 수 목 금 토
1 2 ③ 4 5 6 7
8 9 10 11 12 13 14
● ● lunes

일 월 화 수 목 금 토
1 2 3 4 5 6 7
⑧ 9 10 11 12 13 14
● ● jueves

일 월 화 수 목 금 토
1 2 3 4 5 6 7
8 9 10 11 12 13 ⑭
● ● martes

오늘의 연습 2 빈칸에 알맞은 단어를 써넣으세요.

월요일	el lunes
화요일	
수요일	
목요일	
금요일	
토요일	
일요일	
오늘	
내일	
어제	

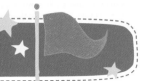

오늘의 실력확인 아래의 대화를 실제처럼 말해보세요.

Ex1 **A** ¿Qué día es hoy?

  B Hoy es   .

Ex2 **A** ¿Qué día fue ayer?

  B Ayer fue   .

Ex3 **A** ¿Qué día es mañana?

  B Mañana es   .

2017 Noviembre

dom	lun	mar	mié	jue	vie	sáb
			1	2	3	4
5	6	7	8	9	10	11
12	13	14	(15)	16	17	18
19	20	21	22	23	24	25
26	27	28	29	30		

Día de San Valentín
발렌타인데이

Semana Santa
부활절

Día de la Independencia
독립기념일

Día de la Madre
어머니의 날

Día del Padre
아버지의 날

Día de Acción de Gracias
추수감사절

Nochebuena
크리스마스 이브

Navidad
크리스마스

Año Nuevo
새해

La manzana cuesta 10 pesos.

사과는 10페소예요.

스페인과 중남미문화이야기

스페인어를 사용하는 다양한 나라에 대해서 배워요!

도미니카공화국

오늘은 스페인어를 사용하는 국가 마지막 시간입니다. 여러분 혹시 아메리카 대륙에서 인도를 외친 이탈리아의 탐험가 '크리스토퍼 콜럼버스'를 알아요? 에스파냐 여왕 이사벨의 후원을 받아 인도를 찾아 항해를 떠나 지금의 도미니카공화국, 쿠바, 아이티, 트리니다드 등을 발견했어요. 그가 죽을 때까지 인도로 믿었다던 그곳이 바로 남미에 위치하고 있는 '도미니카공화국'이에요. 국명은 도미니카공화국(República Dominicana), 수도는 산토도밍고(Santo Domingo), 다른 중남미 국가들처럼 스페인어를 공용어로 사용해요. 실제로 도미니카공화국에 가면 흑인이 많아서 마치 아프리카가 아닌가? 하는 생각이 들기도 한답니다. 아메리카 대륙은 콜럼버스에 의해 유럽인들의 관심을 끌게 되었어요. 그의 서인도 항로 발견으로 아메리카대륙은 유럽인들의 활동 무대가 되었고, 에스파냐가 주축이 된 신대륙 식민지 경영도 시작되었죠. 우리는 스페인어를 배워서 어떠한 미래를 개척할 수 있을까요?

지금까지 스페인어를 사용하는 10개의 나라에 대해 배워봤는데 스페인어 공부를 해서 가보고 싶은 나라가 생겼나요? 미래 언젠가 오늘 마음속에 담은 나라에 여행을 갈 수 있도록 스페인어를 더욱 열심히 공부해 봐요!

공부에 앞서 오늘 배울 내용을 큰 소리로 따라 읽어요.

Viviana   **¿Cuánto cuesta la manzana?** 사과는 얼마예요?

Juan   **La manzana cuesta 10 pesos.** 사과는 10페소 입니다.

Viviana   **Una manzana, por favor.** 사과 하나 주세요.

Juan   **Aquí está.** 여기 있습니다.

Viviana   **Gracias.** 감사합니다.

> **TIP**
> 스페인어를 사용하는 국가에는 다양한 화폐단위가 있어요. 스페인은 **euro** 멕시코는 **peso**, 과테말라는 **quétzal** 등을 사용해요. 오늘은 멕시코의 **peso** 를 사용해서 공부해봐요

La manzana cuesta 10 pesos.
사과는 10페소 입니다.

¿Cuánto cuesta la manzana?
사과는 얼마예요?

오늘의 단어를 꼼꼼하게 배워요.

la uva
포도

la fresa
딸기

el kiwi
키위

el durazno
복숭아

el plátano
바나나

el aguacate
아보카도

la toronja
자몽

la naranja
오렌지

la piña
파인애플

🔍 **꼭 필요한 문법의 개념을 공부해요.**

✓ 물건의 가격을 물어볼 때는 "**¿Cuánto cuesta + 물건?** ~은 얼마예요?"로 물어볼 수 있으며 가격에 대한 대답은 "**물건 + cuesta + 숫자** ~얼마입니다"로 대답해요.

✓ **Por favor**는 영어의 **please**예요.

✓ "여기 있습니다."라는 표현은 "**Aquí(여기) está(있다)**"라고 표현해요.

　　　　　✓ 악센트 tílde를 주의해주세요.

1 **¿Cuánto cuesta esta uva?** 이 포도는 얼마예요?

Esta uva cuesta 50 pesos. 이 포도는 50페소입니다.

(peso는 멕시코 화폐 단위입니다.)

2 **¿Cuánto cuesta esta sandía?** 이 수박은 얼마예요?

Esta sandía cuesta 15 euros. 이 수박은 15유로입니다.

(euro는 스페인의 화폐 단위입니다.)

3 **Una toronja, por favor.** 자몽 하나 주세요.

Un aguacate, por favor. 아보카도 하나 주세요.

Una piña, por favor. 파인애플 하나 주세요.

¿Cuánto cuesta esta uva?
이 포도는 얼마예요?

Esta uva cuesta 50 pesos.
이 포도는 50페소입니다.

오늘의 연습 1   다음 그림과 알맞은 단어를 연결하세요.

la naranja

la fresa

la manzana

la uva

la piña

el plátano

el kiwi

la toronja

el durazno

el aguacate

아래의 그림을 예쁘게 색칠하고 빈칸에 알맞은 단어를 써넣으세요.

ZA	MAN	NA

JA	NA	RAN

GUA	CA	TE	A

PLÁ	NO	TA

SA	FRE

VA	U

TO	JA	RON

ÑA	PI

NO	DU	RAZ

113

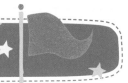

오늘의 실력확인 메뉴판을 보고 스페인어로 가격 묻기를 연습해요.

menú

la hamburguesa 250 pesos

la pizza 500 pesos

la ensalada 30 pesos / la coca 20 pesos

El helado 25 pesos

A ¿   una hamburguesa? 햄버거 하나는 얼마예요?

B La hamburguesa   250 pesos. 햄버거는 250페소입니다.

A ¿   una pizza? 피자 하나는 얼마예요?

B La pizza   500 pesos. 피자는 500페소입니다.

A ¿   una ensalada? 샐러드 하나는 얼마예요?

B   30 pesos. 샐러드는 30페소 입니다.

A ¿   una coca? 콜라 하나는 얼마예요?

B   20 pesos. 콜라는 20페소입니다.

A ¿   ? 아이스크림 하나는 얼마예요?

B   . 아이스크림은 25페소입니다.

pan
빵

sopa
스프

queso
치즈

carne
고기

pescado
생선

galleta
쿠키

verdura
야채

fruta
과일

pasta
파스타

pastel
케이크

chocolate
초콜렛

dulce
사탕

Mi cumpleaños es el 11 de mayo.

내 생일은 5월 11일이야.

CULTURA DE LOS PAÍSES
스페인과 중남미 문화이야기
스페인어를 사용하는 다양한 나라의 문화에 대해서 배워요!

볼키스 👄

여러분 이번과부터는 스페인어권 나라들의 독특한 문화를 여러분께 소개할게요.

오늘은 그 첫번째로 스페인어권 나라들의 인사법을 소개할게요. 각 나라마다 그 나라만의 독특한 인사법이 있어요. 우리 나라는 고개를 숙여 인사하거나 악수를 하고 명절에는 세배를 하는 문화가 있죠. 스페인을 비롯한 유럽의 몇몇 나라 그리고 중남미에서는 일명 '**볼뽀뽀**'라고 부르는 인사예요. **볼키스** 또는 **볼뽀뽀**는 볼에 하는 입맞춤으로, 친구나 가족 사이에 친근감(우정)이나 존중, 위로 등을 표하는 인사법이에요. 프랑스어로 '비쥬'라고도 불려요. 이 인사법은 동남유럽, 중동, 라틴아메리카, 동남아시아 등에서도 인사로 쓰여요. 이러한 인사법이 익숙하지 않은 한국 사람들은 처음에 매우 어색하고 낯설게 느껴지기도 하지만 익숙해 지면 정말 정감가는 인사법이랍니다. 오늘 회사일을 마치고 돌아오는 아빠, 엄마에게 사랑을 담아 **볼뽀뽀**로 인사해 보는건 어떨까요?

공부에 앞서 오늘 배울 내용을 큰 소리로 따라 읽어요.

Viviana   **Hoy es mi cumpleaños.** 오늘은 내 생일이야.

Débora   **¡Viviana, feliz cumpleaños!** 생일 축하해 비비아나!

Viviana   **Gracias. ¿Cuándo es tu cumpleaños?**

내 생일은 고마워. 너의 생일은 언제야?

Débora   **Mi cumpleaños es el primero de junio.**

내 생일은 6월 1일이야.

TIP

스페인어로 날짜를 물어볼 때는 아래와 같이 물을 수 있어요.

1) ¿ Qué fecha es hoy? 오늘은 며칠이야?
2) ¿ Cuál es la fecha de hoy? 오늘은 며칠이야?

날짜를 대답할 때는 아래와 같이 말해요.

Hoy es 25 **de febrero.** 오늘은 2월 25일입니다.

Mi cumpleaños es el primero de Junio.
내 생일은 6월 1일이야.

119

오늘의 단어를 꼼꼼하게 배워요.

enero

1월

febrero

2월

marzo

3월

abril

4월

mayo

5월

junio

6월

julio

7월

agosto

8월

septiembre

9월

octubre

10월

noviembre

11월

diciembre

12월

🔍 꼭 필요한 문법의 개념을 공부해요.

✔ 상대방의 생일을 물어볼 때는 "**¿Cuándo es tu cumpleaños?** 너의 생일은 언제야?"라고 물어요.

✔ 나의 생일을 대답할 때는 "**Mi cumpleaños es el ~(일) de ~(월).** 내 생일은 ~월 ~이야."라고 표현해요.

✔ 생김새가 비슷한 **cuándo**와 **cuánto**는 헷갈리기 쉬워요. **cuándo** = 언제 **cuánto** = 얼마/얼마나 헷갈리지 마세요!

1 **¿Cuándo es tu cumpleaños?** 너의 생일은 어제야?
Mi cumpleaños es el 7 de febrero. 내 생일은 2월 7일이야.

2 **¿Cuándo es tu cumpleaños?** 너의 생일은 언제야?
Mi cumpleaños es el 27 de junio. 내 생일은 6월 27일이야.

3 **¡Feliz cumpleaños!** 생일을 축하해!

TIP
1일을 말할때는 숫자 1(uno)를 쓸 수도 있고 el primero를 사용하기도 합니다.

¿Cuándo es tu cumpleaños?
너의 생일은 언제야?

Mi cumpleaños es el 27 de junio.
내 생일은 6월 27일이야.

오늘의 연습 1 다음 그림에 알맞은 달을 스페인어로 쓰세요.

7월
5월 1월
9월 2월
3월 6월
10월 8월
11월 12월
4월

2017 Noviembre

dom	lun	mar	mié	jue	vie	sáb
			1	2	3	4
5	6	7	8	9	10	11
12	13	14	15	16	17	18
19	20	21	22	23	24	25
26	27	28	29	30		

enero febrero marzo abril mayo agosto junio julio septiembre diciembre octubre noviembre

빈칸에 알맞은 단어를 써넣으세요.

Los meses del año

Mes anterior 지난달	Mes actual 이번달	Mes siguiente 다음달
	octubre	
	junio	
	diciembre	
	febrero	
	mayo	
	julio	
	enero	
	noviembre	
	abril	
	septiembre	
	agosto	
	marzo	

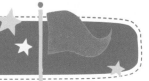

오늘의 실력확인 아래의 대화를 실제처럼 말해보세요.

Ex1 **A** Mamá, ¿cuándo es tu cumpleaños? 엄마, 생일이 언제예요?

B Mi cumpleaños es hoy. 내 생일은 오늘이야.

A ¡   ! 생일 축하해요!

Ex2 **A** Mamá, ¿cuándo es tu cumpleaños? 엄마, 생일이 언제예요?

B Mi cumpleaños es el   de   .

내 생일은   월   일이야.

A ¿Cuándo es tu cumpleaños? 너 생일은 언제야?

B   .

내 생일은   월   일 이에요.

Ex3 **A** ¿Cuándo es el cumpleaños de papá? 아빠 생일은 언제예요?

B El cumpleaños de papá es el   de   . 아빠의 생일은 ~ 월 ~일 이에요.

Ex4

¿Cuándo es el cumpleaños de tu   ?

El cumpleaños de mi   es el   de   .

Feliz cumpleaños a ti
생일 축하 노래

Feliz cumpleaños a ti.

Feliz cumpleaños a ti.

Feliz cumpleaños querido/a   이름   .

Feliz cumpleaños a ti.

Ahora son las 7.
지금은 7시야.

스페인과 중남미문화이야기

스페인어를 사용하는 다양한 나라의 문화에 대해서 배워요!

타코

안녕하세요. 오늘은 세계적으로 사랑 받는 멕시코 음식인 '타코'에 대해 알아 볼 거예요.

여러분, '**타코**'를 먹어 본 적이 있나요? 요즘에는 한국에서도 '**타코**'를 찾는 사람들이 늘어나면서 '**타코**' 레스토랑이 많이 생겼어요. '**타코**'는 옥수수나 밀가루를 반죽해서 구워 만든 또르띠아에 고기, 해물, 채소(잘게 썬 양파, 로메인과 고수 등), 치즈 같은 것들을 얹어서 살사(소스)를 끼얹고 싸먹는 음식이에요. 우리나라의 김밥과 같이 멕시코 사람들을 비롯해 중남미 사람들이 주식으로 간식으로도 즐겨먹는 음식 중 하나랍니다. '**타코**' 맛이 궁금하지 않나요? 이번 주 주말 가족외식은 집주변에 '**타코**' 식당을 찾아가보는 건 어떨까요? 강추강추!

공부에 앞서 오늘 배울 내용을 큰 소리로 따라 읽어요.

Viviana   **Miguel, ¿qué hora es ahora?** 미겔 지금 몇 시야?

Miguel   **Ahora son las 7.** 지금은 7시야.

Viviana   **¿No son las 6?** 6시 아니야?

Miguel   **No, ahora son las 7 en punto.** 아니야, 지금 7시 정각이야.

Viviana   **Es la hora de cenar.** 저녁 먹을 시간이다.

Miguel, ¿qué hora es ahora?
미겔 지금 몇 시야?

Ahora son las 7.
지금은 7시야.

✏️ 오늘의 단어를 꼼꼼하게 배워요.

hora	en punto	ahora	minuto	mediodía	medianoche
시간	정각	지금	분	정오	자정

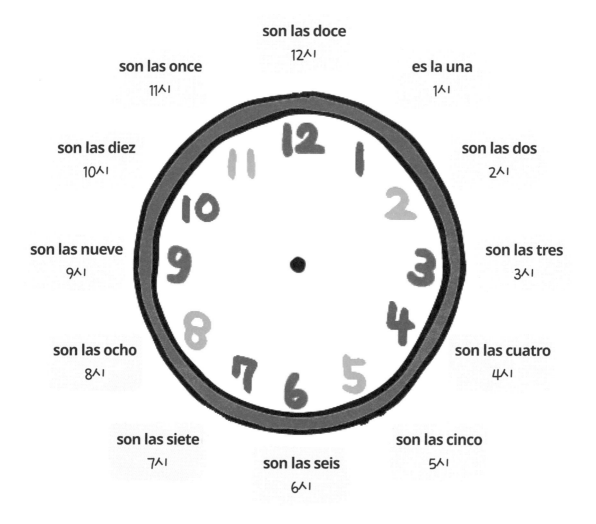

son las doce
12시

son las once
11시

es la una
1시

son las diez
10시

son las dos
2시

son las nueve
9시

son las tres
3시

son las ocho
8시

son las cuatro
4시

son las siete
7시

son las seis
6시

son las cinco
5시

y cinco	y diez	y quince / cuarto	y veinte	y treinta / y media	y cuarenta	y cincuenta
5분	10분	15분	20분	30분 / 반	40분	50분

🔍 꼭 필요한 문법의 개념을 공부해요.

✓ 시간을 물어 볼 때는 "**¿Qué hora es?** 몇 시야?"라고 물어요.

✓ 시간을 대답 할 땐 1시일 경우 "**Es la 1** 1시야"

✓ 2시부터 12시까지는 "**Son las 2-12** 2~12시야"라고 말해요.

✓ 시간과 분을 둘 다 말하고 싶은 경우에는 "**Es la 1 y 분**" 또는 "**son las 2~12 y 분**"으로 대답해요.

1 **¿Qué hora es?** 몇 시야?
Es la 1(una) en punto. 1시 정각이야.

2 **¿Qué hora es ahora?** 지금 몇 시야?
Son las 12(doce) y 5(cinco). 12시 5분이야.

3 **¿Qué hora es?** 몇 시야?
Son las 8(ocho) y 43(cuarenta y tres). 8시 43분이야.

¿Qué hora es ahora?
지금 몇 시야?

Son las 12(doce) y 5(cinco).
12시 5분이야.

오늘의 연습 1 다음 그림과 알맞은 단어를 연결하세요.

¿Qué hora es ahora?

Son las diez y media.

Son las siete en punto.

Son las dos y media.

Son las diez en punto.

Son las tres y media.

Son las diez y treinta y cinco.

Son las ocho y cinco.

Son las diez y veinte.

Son las once y treinta y cinco.

빈칸에 알맞은 단어를 써넣으세요.

¿Qué hora es ahora?

05:45

Son las 5(cinco) y
45(cuarenta y cinco)

06:57

Son las ....

....

01:12

Es la ....

....

03:10

Son las ....

....

12:15

Son las ....

....

04:50

Son las ....

....

07:00

Son las ....

....

01:08

Es la ....

....

10:00

Son las ....

....

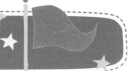

오늘의 실력확인 아래의 빈칸에 스페인어로 알맞게 써보세요.

<Mi diario de hoy>

11:00 → 1:00 → 2:00

7:00 ← 5:30 ← 5:00

Yo voy a la biblioteca a las 11. Almuerzo **1** ....:

나는 11시에 도서관에 가.   나는 1시에 점심을 먹어.

Yo voy a la librería **2** ...., y yo voy a casa **3** ....:

나는 2시에 서점에 가.   그리고 나는 5시에 집에 가.

Yo hago ejercicio **4** .... Yo veo la televisión **5** ....:

나는 5시 30분에 운동을 해.   나는 7시에 티비를 봐.

보기

a las 7(siete) 7시에   **a la 1(una)** 1시에

a las 5(cinco) 5시에   **a las 2(dos)** 2시에

a las 5(cinco) y 30(media o treinta) 5시 반 & 5시 30분에

TIP

"~시 이다"라고 말할때는 **es, son**을 사용하고
"~시에"라고 말할때는 **a**를 사용합니다.
ej) **Son las 7.** 7시다. / **a las 7.** 7시에

me despierto

나는 잠에서 깬다

me levanto

나는 일어나다

me ducho

나는 샤워한다

me visto

나는 옷을 입는다

me peino

나는 머리를 빗는다

voy a la escuela

나는 등교한다

empiezo a estudiar

나는 공부를 시작한다

me acuesto

나는 자리에 눕는다

me quedo dormido/a

나는 잠든다

Esto es un perro.

이건 강아지야.

스페인과 중남미문화이야기

스페인어를 사용하는 다양한 나라의 문화에 대해서 배워요!

마리아치

멕시코에 가면 챙이 넓은 솜브레로(sombrero)라고 불리는 커다란 모자를 쓰고 멋진 옷을 차려 입은 남성무리들이 여러 악기를 연주하는 모습을 광장, 식당 등 도시 곳곳에서 볼 수 있는데요, 이 분들을 **마리아치(Mariachi)**라고 해요. 오늘은 이 멕시코 마리아치에 대해 알아볼게요. **마리아치(Mariachi)**는 멕시코를 대표하는 상징 중 하나로, 민속음악을 야외에서 연주하는 독특한 악기편성의 그룹이에요. (영화 '코코'에서도 마리아치가 나오죠? 할머니께 혼나서 모자를 떨어뜨리고 도망가는 아저씨. 그 아저씨가 바로 마리아치에요. 보통 트럼펫, 바이올린, 기타, 비올라(소형5줄 기타), 기타론(베이스의 음역을 담당하는 저음기타)으로 이루어져 있어요. 멕시코 사람들은 특별한 행사가 있는 날, 생일, 졸업식, 입학식 등 어떠한 행사에 꼭 빠지지 않고 '**마리아치(Mariachi)**'를 초대해 파티의 흥을 돋우고, 흥겨운 음악을 연주하며 다같이 춤을 추곤 해요. 멕시코에 여행 와서 '마리아치'들의 음악을 직접 들으며 멕시코 사람들과 흥겹게 춤을 춰 보고 싶지 않나요?

공부에 앞서 오늘 배울 내용을 큰 소리로 따라 읽어요.

Viviana **¿Qué es esto?** 이건 뭐야?

Débora **Este es mi perro.** 이건 내 강아지야.

Viviana **¿En serio? ¿Cómo se llama?** 진짜? 이름이 뭐야?

Débora **Sí. Él se llama Navidad.** 응, 이름은 성탄이야.

¿Qué es esto?
이건 뭐야?

Es mi perro.
이건 내 강아지야.

✏️ 오늘의 단어를 꼼꼼하게 배워요.

el pollito
병아리

el elefante
코끼리

el caballo
말

el oso
곰

el león
사자

el gato
고양이

el conejo
토끼

el cerdo
돼지

el pájaro
새

GRAMÁTICA DE HOY
실력을 쑥쑥 키워요

🔍 꼭 필요한 문법의 개념을 공부해요.

✓ 이것이 무엇인지 물어볼 때는 "**¿Qué es esto?** 이게 뭐야?"라고 물어요.

✓ 이것이 원지 대답할 때는 "**Esto es un/una 명사** 이것은 명사야."라고 대답해요.

1

¿Qué es esto?
이게 뭐야?

Esto es una silla.
이건 의자야.

2

¿Qué es esto?
이게 뭐야?

Esto es un libro.
이건 책이야.

3

¿Qué es esto?
이게 뭐야?

Esto es una mesa.
이건 테이블이야.

4

¿Qué es esto?
이게 뭐야?

Esto es un pollito.
이건 병아리 한 마리야.

PRACTIQUEMOS

재미있게 연습해요

오늘의 연습 1   다음 그림과 알맞은 단어를 연결하세요.

caballo

león

pollito

oso

gato

elefante

pájaro

conejo

cerdo

빈칸에 알맞은 단어를 써넣으세요.

ele ga ne pája lli
cer ballo so ón

po .... to

.... fante

ca ....

o ....

le ....

.... to

co .... jo

.... do

.... ro

143

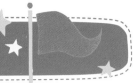

오늘의 실력확인 아래의 그림을 보고 알맞은 대답에 ✔하세요.

¿Qué es esto?

이거 뭐야?

✔ Esto es un gato.

☐ Esto es un elefante.

☐ Esto es un caballo.

¿Qué es esto?

☐ Esto es un león.

☐ Esto es un elefante.

☐ Esto es un gato.

¿Qué es esto?

☐ Esto es un pájaro.

☐ Esto es un león.

☐ Esto es un conejo.

¿Qué es esto?

☐ Esto es un caballo.

☐ Esto es un oso.

☐ Esto es un cerdo.

¿Qué es esto?

☐ Esto es un conejo.

☐ Esto es un pollito.

☐ Esto es un caballo.

¿Qué es esto?

☐ Esto es un un perro.

☐ Esto es un cerdo.

☐ Esto es un oso.

¿Qué es esto?

☐ Esto es un pájaro.

☐ Esto es un perro.

☐ Esto es un león.

¿Qué es esto?

☐ Esto es un un perro.

☐ Esto es un cerdo.

☐ Esto es un león.

refrigerador
냉장고

cama
침대

microondas
전자레인지

sofá
소파

armario
옷장

cortina
커튼

espejo
거울

reloj
시계

lavadora
세탁기

Me gusta el rojo.

나는 빨강색을 좋아해.

스페인과 중남미 문화이야기

스페인어를 사용하는 다양한 나라의 문화에 대해서 배워요!

라쿠카라차 🎵

여러분 이번과 에서는 특별한 노래의 역사적 배경에 대해 배워볼까 해요. "병정들이 전진한다, 이 마을 저 마을 지나, 소꿉놀이 어린이들, **라쿠카라차**~ **라쿠카라차**~ 여러분 이 노래 다 아시죠? 이 노래의 제목인 『**라쿠카라차**』는 어떤 뜻인지 아시나요? 바로 스페인어로 '바퀴벌레'라는 뜻이에요. 놀랐죠? "바퀴벌레~ 바퀴벌레~" 우리는 지금까지 이 노래를 정말 흥겹게 불러왔던 거 같아요. 이 노래는 어디에서 유래가 된 노래일까요? 이 노래는 멕시코 농민혁명군의 노래였어요. 1800년대, 멕시코는 한 사람의 장기집권으로 인해 멕시코 땅의 98%가 소수의 기업과 대자본가에 넘어가는 바람에, 대다수의 자유 농민들은 땅도 돈도 잃고 대지주의 소작농과 반 노예처럼 생활 해야 했다고 해요. 그때 만들어진 노래가 이 **라쿠카라차**였다고 하는데, 왜 하필 '바퀴벌레'라고 했을까요? 멕시코 농민들의 비창한 모습을 '바퀴벌레'로 표현했다는 이야기도 있고, 죽여도 계속해서 나타나는 '바퀴벌레' 처럼 끈질긴 생명력을 뜻하는 의미로 썼다는 설도 있어요. **라쿠카라차**는 이런 가슴 아픈 역사적 스토리가 있는 노래였네요. 오늘 공부 끝나고 여러분 친구들한테 **라쿠카라차**의 역사적 스토리에 대해 설명해 주는 건 어떨까요? 그리고 오늘 함께 '라쿠카라차' 스페인어로 불러봐요!

공부에 앞서 오늘 배울 내용을 큰 소리로 따라 읽어요.

Miguel **¿Te gusta el azul?** 너는 파란색을 좋아해?

Débora **Sí, me gusta el azul.** 응, 나는 파란색을 좋아해.

Miguel, ¿qué color te gusta? 미겔, 너는 무슨 색을 좋아해?

Miguel **Me gusta el amarillo.** 나는 노란색을 좋아해.

¿Qué color te gusta?
너는 무슨 색을 좋아해?

Me gusta el amarillo.
나는 노란색을 좋아해.

✏️ 오늘의 단어를 꼼꼼하게 배워요.

el rojo 빨강색

el naranja 주황색

el amarillo 노란색

el verde 초록색

el azul 파란색

el rosa 분홍색

el blanco 흰색

el negro 검정색

el marrón 갈색

el gris 회색

el morado 보라색

🔍 꼭 필요한 문법의 개념을 공부해요.

✓ "너는 무슨색을 좋아해?" 라고 물어볼때는 "**¿Qué color te gusta?**" 라고 물어요.

✓ "나는 ~색을 좋아해"라고는 "**Me gusta + 색깔**"로 대답해요.

1 **¿Qué color te gusta?** 너는 무슨 색을 좋아해?
Me gusta el verde. 나는 초록색을 좋아해.

2 **¿Te gusta el blanco?** 너는 흰색을 좋아해?
No, no me gusta el blanco. 아니, 나는 흰색을 안 좋아해.

※ 부정문을 만들 때는 동사 앞에 no를 붙여서 만들어줍니다.

3 **¿Te gusta el rosa?** 너는 분홍색을 좋아해?
Sí, me gusta el rosa. 응, 나는 분홍색을 좋아해.

¿Te gusta el rosa?
너는 분홍색을 좋아해?

Sí, me gusta el rosa.
응, 나는 분홍색을 좋아해.

오늘의 연습 1　다음 그림과 알맞은 단어를 연결하세요.

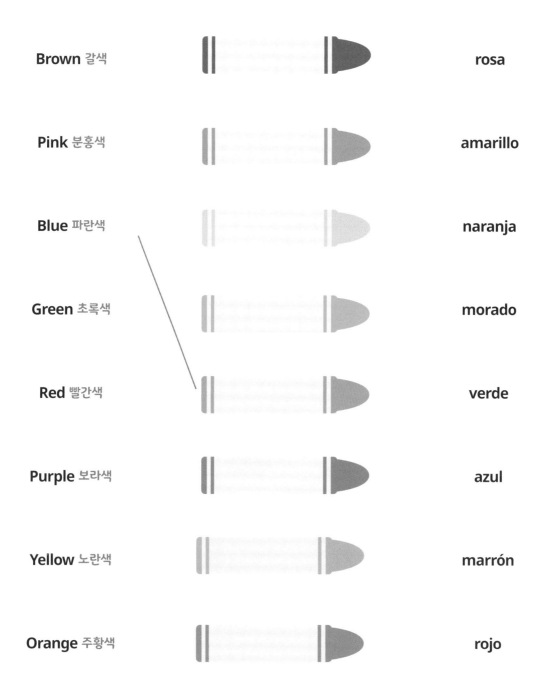

Brown 갈색

rosa

Pink 분홍색

amarillo

Blue 파란색

naranja

Green 초록색

morado

Red 빨간색

verde

Purple 보라색

azul

Yellow 노란색

marrón

Orange 주황색

rojo

다음 그림과 알맞은 색깔을 칠하세요.

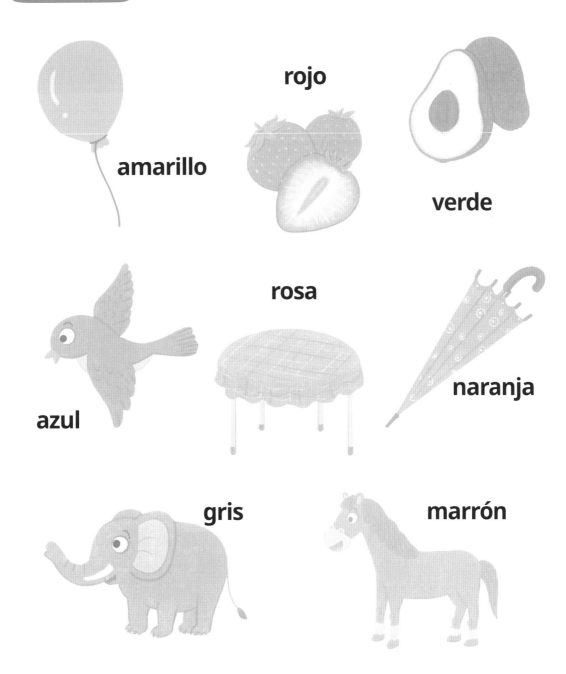

rojo

amarillo

verde

rosa

azul

naranja

gris

marrón

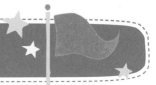
오늘의 실력확인 아래의 빈칸에 스페인어로 알맞게 써보세요.

Ex1 **A** ¿Te gusta el verde? 너는 초록색을 좋아해?

B Sí, me gusta _____. 응, 나는 초록색을 좋아해.

Ex2 **A** ¿Te gusta _____? 너는 파란색을 좋아해?

B No, no me gusta _____. 아니, 나는 파란색을 안 좋아해.

Ex3 **A** ¿_____? 너는 무슨 색을 좋아해?

B Me gusta el blanco. 나는 하얀색을 좋아해.

Ex4 **A** ¿_____? 너는 무슨 색을 좋아해?

B Me gusta el negro. 나는 검정색을 좋아해.

Ex5

¿Te gusta el amarillo?

너는 노란색을 좋아해?

Sí, me gusta _____.

응, 나는 노란색을 좋아해.

LA CUCARACHA~ ♫
라쿠카라차

La cucaracha, la cucaracha

Ya no puede caminar

Porque no tiene, porque le falta una pata para andar

Una cucaracha grande se pasea en la cocina

Y la chancla de mi madre le ha quitado una patita

▶ 유튜브에 이 음악을 검색해서 들어보세요.

¡Hoy está despejado!

오늘 날씨 너무 좋아!

CULTURA DE LOS PAÍSES
스페인과 중남미 문화이야기

스페인어를 사용하는 다양한 나라의 문화에 대해서 배워요!

카리브 해안 🌴

여러분 혹시, 여름에 용인 에버랜드에 위치한 캐리비안베이 가보셨나요? 그리고 캐리비안의 해적이라는 영화를 아시나요? 오늘은 이 영화와 케리비안의 배경이 된 **카리브 해안**에 대해서 알아볼 거예요. 아래 사진에서 보이는 것처럼 카리브해 바다색은 에메랄드 빛이에요. 실제로 보면 얼마나 아름다울지 상상이 가나요? **카리브해**는 중앙아메리카에 위치함과 동시에 북아메리카에 속하는 바다로 대서양과 멕시코 만에 접하고 있는 바다예요. 중남미 전체를 기준으로 북쪽에 위치해 있고, 영어식 이름인 **캐리비안**으로도 알려져 있죠. 디즈니 랜드의 놀이기구이자 그 놀이기구를 바탕으로 제작된 영화 캐리비안의 해적 시리즈 및 국내 워터파크인 캐리비안베이는 대항해시대의 이 일대를 모티브로 만들어졌다고 해요.

또 하나 이 **카리브해안**은 서인도제도라고도 불리는데, 그 이유는 크리스토퍼 콜럼버스가 자신이 탐험한 아메리카 대륙을 인도라고 착각한 데에서 비롯된 명칭이라고 해요. 해당 지역이 인도가 아니라는 사실이 밝혀진 뒤에도 유럽인들은 관습적으로 카리브 일대를 서 인도라고 불렀어요.

스페인어를 배워서 카리브 연안의 멋진 휴양지로 가족 여행을 떠나는 건 어떨까요?

공부에 앞서 오늘 배울 내용을 큰 소리로 따라 읽어요.

Débora ¿Cómo está el clima de hoy? 오늘 날씨 어때?

Miguel ¡Hoy está soleado! 오늘 화창해!

Débora ¿No llueve hoy? 오늘 비 안 와?

Miguel No, hoy está despejado. 아니, 오늘 날씨 너무 좋아.

오늘의 단어를 꼼꼼하게 배워요.

hace buen tiempo
날씨가 좋다

hace mal tiempo
날씨가 안 좋다

hace viento
바람이 분다

hace frío
춥다

hace calor
덥다

hace fresco
선선하다

está nublado
흐린

llover/llueve
비가 오다/비가 와

nevar/nieva
눈이 오다/눈이 와

🔍 꼭 필요한 문법의 개념을 공부해요.

✔ 오늘의 날씨를 물어볼 때는 "**¿Cómo está el clima de hoy?** 오늘 날씨 어때?"라고 물어봐요.

✔ "**Está + soleado/nublado**"로 "화창해/흐려"를 표현할 수 있어요.

✔ "**Llueve/Nieva**"로 "비가 와/눈이 와"를 표현 할 수 있어요.

✔ "**Hace viento, hace frío, hace calor**"로 "바람이 분다, 춥다, 덥다"를 표현해요.

✔ 스페인어는 날씨마다 표현 방법이 달라요 어떤 동사와 만나 쓰이는지 잘 구분해주세요!

1 **¿Cómo está el clima de hoy?** 오늘 날씨 어때?
   Hoy está nublado. 오늘은 흐려.

2 **¿Cómo está el clima de hoy?** 오늘 날씨 어때?
   Hoy nieva. 오늘은 눈이 와.

3 **¿Cómo está el clima de hoy?** 오늘 날씨 어때?
   Hoy hace viento. 오늘은 바람이 불어.

¿Cómo está el clima de hoy?
오늘 날씨 어때?

Hoy nieva.
오늘은 눈이 와.

오늘의 연습 1 그림을 보고 알맞은 단어를 쓰세요.

보기

hace buen tiempo / hace mal tiempo / hace sol
hace viento / hace frío / hace calor / hace fresco /
está soleado / está nublado / llueve / nieva

-------------------- -------------------- --------------------

-------------------- -------------------- --------------------

다음 그림을 보고 보기와 같이 알맞은 대답을 쓰세요.

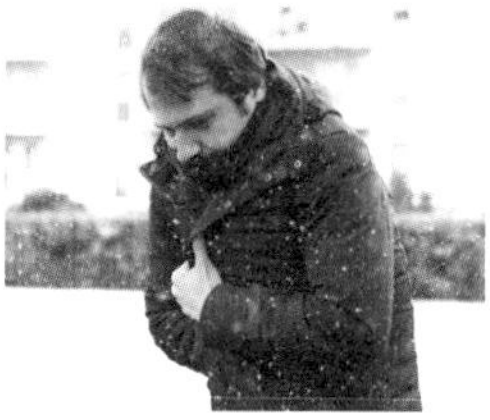

1 ¿Cómo está el clima de hoy?

Hoy _____ nieva _____.

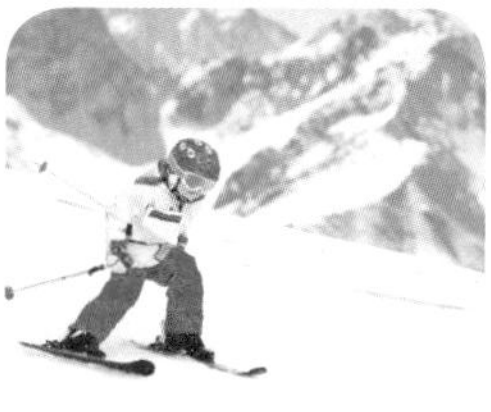

2 ¿Cómo está el clima de hoy?

Hoy _____

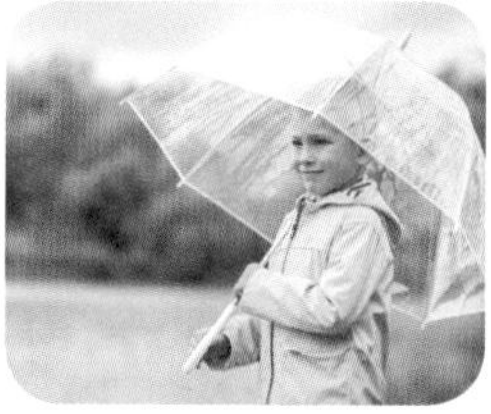

3 ¿Cómo está el clima de hoy?

Hoy _____.

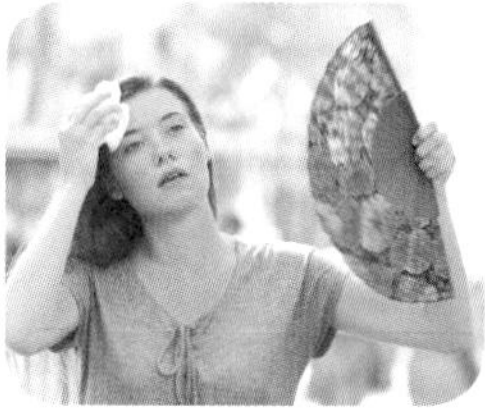

4 ¿Hace frío?

No, _____.

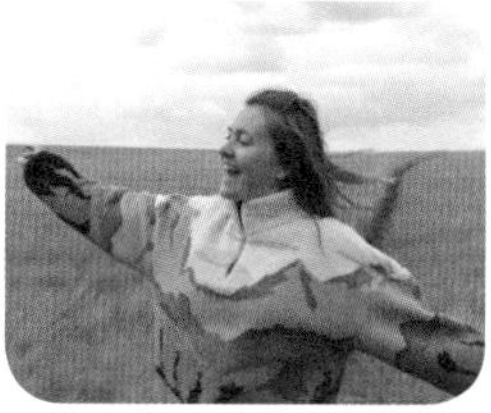

5 ¿Hace fresco?

No, _____.

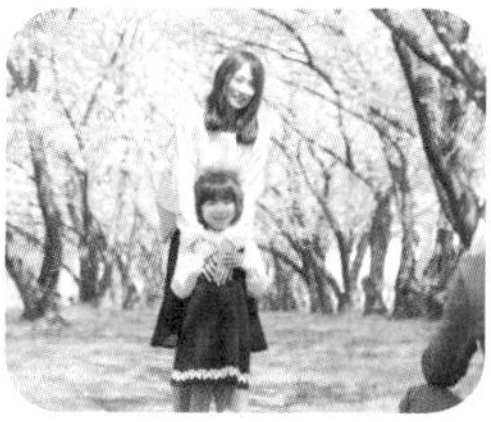

6 ¿Hace buen tiempo?

Sí, _____.

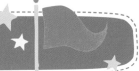

오늘의 실력확인 다음 글을 읽고 질문에 답해보세요.

Corea
México
Inglaterra
Canadá
Hawai

시원하다
날씨가 좋다
흐리다
눈이 오다
덥다

Ex1 **A** ¿Cómo está el clima de Corea? 한국 날씨 어때?

B En Corea   . 한국 날씨는 선선해.

Ex2 **A** ¿   el clima de México? 멕시코 날씨 어때?

B En México   . 멕시코는 날씨가 좋아.

Ex3 **A** ¿Cómo está   de Inglaterra? 영국 날씨 어때?

B En Inglaterra   . 영국은 구름이 꼈어.

Ex4 **A** ¿Cómo está el clima de Canadá? 캐나다 날씨 어때?

B En Canadá   . 캐나다는 눈이 와.

Ex5 **A** ¿Cómo está el clima de Hawai? 하와이 날씨 어때?

B En Hawai   . 하와이는 더워.

Estaciones del año
계절

primavera
봄

verano
여름

otoño
가을

invierno
겨울

Yo quiero ir a México.

나 멕시코에 가고 싶어.

스페인과 중남미문화이야기

스페인어를 사용하는 다양한 나라의 문화에 대해서 배워요!

프리다 칼로

여러분! 혹시 매력적인 갈매기 눈썹을 가진 이 여자를 본적이 있나요? 이 여자는 **프리다 칼로**로 멕시코를 대표하는 유명한 화가예요. 어린 **프리다 칼로**는 6살 때 소아마비를 앓아 오른쪽 다리가 불편했지만 총명하고 아름다운 소녀로 자랐어요. **프리다 칼로**가 18살이던 1925년 9월에 하굣길에 버스와 전차가 부딪히면서 **프리다 칼로**는 그 사고로 크게 다쳐서 걷지 못했어요. 그래서 **프리다 칼로**는 꼬박 9개월을 전신에 깁스를 한 채 침대에 누워 있어야만 했는데, 깁스를 한 채 침대에 누워 두 손만 자유로웠던 **프리다 칼로**가 할 수 있는 일은 오로지 그림을 그리는 것뿐이었어요. 부모님은 그런 **프리다 칼로**를 위하여 침대의 지붕 밑면에 전신 거울을 설치한 캐노피 침대와 누워서 그림을 그릴 수 있는 이젤을 마련해주었어요. 그때부터 **프리다 칼로**는 거울에 비친 자신을 관찰하고 또 관찰하며 스스로의 모습을 그려가기 시작했어요. 그리고 **프리다 칼로**는 멕시코의 유명한 화가 리베라랑 결혼을 했는데, **프리다 칼로**와 그의 남편 리베라가 멕시코 역사에 많은 기여를 했기때문에, **프리다 칼로** 부부는 아래 사진처럼 멕시코

500페소 화폐의 주인공이 되었어요. 칼로가 죽고 1년 후 리베라는 그녀가 태어나고 죽을 때까지 살았던 코요아칸의 '푸른집'을 나라에 기증했는데 지금은 **프리다 칼로**를 기리는 미술관이 되어서 멕시코의 관광 명소가 되었다고 하네요. 스페인어를 공부해서, 20세기 최고의 여자 화가 프리다 칼로의 생가 박물관을 방문해서, 꿈을 향한 열정과 희망을 배워보는 건 어떨까요?

공부에 앞서 오늘 배울 내용을 큰 소리로 따라 읽어요.

Viviana **¡Ya es sábado!** 와 벌써 토요일이다!

✓ ya는 벌써, 이미

Débora **¿Mañana qué quieres hacer?** 내일 뭐 하고 싶어?

Viviana **Quiero dormir y ver la televisión, ¿y tú?**

나는 자고, TV를 보고 싶어. 너는?

Débora **Yo quiero ir a ver a mi mejor amiga y comer tacos juntas.**

나는 내 친한 친구를 만나서 타코를 같이 먹고 싶어.

Quiero dormir y ver la televisión.
나는 자고, TV를 보고 싶어.

¿Mañana qué quieres hacer?
내일 뭐 하고 싶어?

오늘의 단어를 꼼꼼하게 배워요.

✓ 여기서 잠깐! 이번과부터 나오는 동사들은 스페인어에서 가장 기본인 동사들이에요.
동사를 많이 알수록 하고 싶은 말을 다양하게 할 수 있으니 꼭! 공부해주세요.

ir
가다

venir
오다

dormir
자다

comer
먹다

ver
보다

beber/tomar
마시다

estudiar
공부하다

hablar
말하다

cocinar
요리하다

GRAMÁTICA DE HOY
실력을 쑥쑥 키워요

🔍 꼭 필요한 문법의 개념을 공부해요.

✓ 스페인어에서 **querer 동사**는 "~을 하고 싶다"라는 아주 중요한 동사에요. 이번 과에서는 querer동사를 사용해서 "~ 을 하고 싶다"라는 표현을 배워 볼 거예요.

✓ "너는 ~을 하고 싶어?"라고 물을 때는 "**Qué quieres + 동사원형**"로 표현해요.

✓ "나는 ~을 하고 싶어."라는 표현은 "**Yo quiero + 동사원형 + 목적어**"로 표현해요.

✓ "너는 ~을 하고 싶어?"라고 물을 때는 "**¿Tú quieres + 동사원형**"로 질문해요.

1 **¿Qué quieres comer?** 너 뭐 먹고 싶어?

Yo quiero comer tacos. 나 타코 먹고 싶어.

2 **¿A dónde quieres ir el domingo?** 일요일에 어디 가고 싶어?

Yo quiero ir al parque. 나 공원에 가고 싶어.

3 **¿Mañana qué quieres hacer?** 내일 뭐 하고 싶어?

Yo quiero ver a mi mejor amiga. 내 친한 친구를 만나고 싶어.

※ 사람을 목적어로 만들때는 사람 앞에 a를 붙여줍니다.

¿Qué quieres comer?
너 뭐 먹고 싶어?

Yo quiero comer tacos.
나 타코 먹고 싶어.

quesadilla

tacos

burrito

오늘의 연습 1 다음 그림과 알맞은 단어를 연결하세요.

ir

venir

dormir

comer

ver

beber / tomar

estudiar

hablar

cocinar

오늘의 연습 2 다음 그림을 보고 querer 동사를 활용해서 빈칸을 완성하세요.

	스페인어	나는 ~고 싶다
가다	ir	Yo quiero ir
보다		
자다		
먹다		

	스페인어	너는 ~하고 싶어?
공부하다	estudiar	¿Tú quieres estudiar?
요리하다		
마시다		
말하다		

오늘의 실력확인   다음 글을 읽고 질문에 답해보세요.

보기

A **¿Qué quieres hacer?** 뭐 하고 싶어?

B **Quiero ver una película.** 영화 한 편을 보고 싶어요.

Ex1 **A** **¿Qué quieres comer?**

B _____ .

Ex2 **A** **¿Qué quieres beber?**

B _____ .

Ex3 **A** **¿Qué quieres estudiar?**

B _____ .

Ex4 **A** **¿A dónde** _____ ?

B _____ .

Ex5 **A** **¿A quién** _____ ?

B _____ .

enseñar
가르치다

pensar
생각하다

dar
주다

leer
읽다

cortar
자르다

escuchar
듣다

tocar
연주하다

cantar
노래하다

dibujar
그리다

contar
세다

explicar
설명하다

preguntar
질문하다

Puedo bailar.

나는 춤출 수 있어.

스페인과 중남미문화이야기

스페인어를 사용하는 다양한 나라의 문화에 대해서 배워요!

추파춥스 Chupa Chups

여러분, 스페인어 공부 열심히 하고 있죠? 오늘은 재미있는 이야기를 알려줄까 해요. 아래 사진에 보이는 이 막대사탕 다 알죠? 네, 바로 '**추파춥스**' 사탕이에요. 여러분 '**추파춥스**'라는 이름이 스페인어라는 사실 알고 있나요? 전세계 15개가 넘는 나라에서 판매되고 있는 인기사탕인데요. 오늘은 이 국제적인 인기를 누리고 있는 막대사탕 **추파춥스**의 뜻, 어원, 유래와 관련해서 여러분에게 알려 줄까 해요. Cuhpa Chups는 "빨다(Suck)" 혹은 "핥다(lick)"라는 뜻의 스페인어 동사 Chupar[츄빠르]에서 유래하는 것으로 알려져 있어요. 아무래도 막대사탕을 빨거나 핥아 먹어서 이런 이름이 지어지지 않았을까 해요. 그리고 또 한 가지 흥미로운 사실은 **추파춥스**의 발명가는 사탕이 어린이들이 쉽게 먹을 수 있게 만들어 지지 않았다는 것을 발견하고는 막대 사탕을 최초로 만들었고, 아이들 손이 잘 닿을 수 있는 카운터 매대에 최초로 사탕을 진열해서, 어린이들이 손쉽게 사탕을 사서 먹을 수 있게 발명했다고 해요. 그 후로 이 사탕은 전 세계적으로 팔려나가 지금까지 세계의 어린이들에게 사랑 받는 사탕이 되었다고 하네요. 참고로 포루투갈어에서도 "빨다"라는 뜻의 동사로 스페인어와 같은 철자 Chupar를 쓰고 있지만, 발음은 [슈빠흐]로 발음에 있어서는 스페인어 발음과는 조금 다른 모습을 보여주고 있다고 하네요. 이제, 스페인어 Chupar는 절대 안 잊어버리겠죠?

공부에 앞서 오늘 배울 내용을 큰 소리로 따라 읽어요.

Viviana   **Miguel, ¿tú puedes bailar?** 너 춤출 수 있어?

Miguel   **Sí, yo puedo bailar.** 응, 나는 춤출 수 있어.

Viviana   **Yo quiero bailar contigo.** 나 너랑 춤 추고 싶어.
✔ Contigo 너랑

Miguel   **¡Claro que sí! ¡Vamos a bailar!** 물론이지! 춤추자!
✔ Vamos a + 동사원형 : 동사원형 ~ 하자!

Sí, yo puedo bailar
응, 나는 춤출 수 있어.

¿Tú puedes bailar?
너 춤출 수 있어?

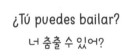

오늘의 단어를 꼼꼼하게 배워요.

cantar
노래하다

bailar
춤추다

hablar
말하다

nadar
수영하다

cocinar
요리하다

dibujar
그림 그리다

correr
달리다

tocar la guitarra
기타를 연주하다

leer libros
책을 읽다

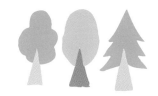

🔍 꼭 필요한 문법의 개념을 공부해요.

✔ poder동사는 스페인어에서 '할 수 있다'라는 뜻으로 **"Yo puedo + 동사원형 나는 ~을 할 수 있어."**를 표현할 수 있어요.

✔ 상대방에게 물어볼때는 **"¿Tú puedes + 동사원형? 너는 ~을 할 수 있어?"**를 표현할 수 있어요.

✔

yo	puedo
tú	puedes
él	puede
nosotros	podemos
vosotros	podéis
ellos	pueden

– 인칭에 따른 poder동사와 동사변형에 대해서 공부해봐요.

– 스페인어에서 정말 자주 쓰이는 동사니까, 꼭! 외워주세요!

① **¿Puedes cocinar?**

너는 요리할 수 있어?

Sí, puedo cocinar.

응, 나는 요리할 수 있어

② **¿Puedes nadar?**

너는 수영할 수 있어?

No, no puedo nadar.

아니, 나는 수영할 수 없어 (나는 수영 못 해).

③ **¿Puedes cantar?**

너는 노래할 수 있어?

Sí, puedo cantar.

응, 나는 노래할 수 있어.

¿Puedes cocinar?
너는 요리할 수 있어?

Sí, puedo cocinar.
응, 나는 요리할 수 있어.

오늘의 연습 1 다음 그림과 알맞은 단어를 연결하세요.

① cocinar 요리하다

② bailar 춤추다

③ tocar la guitarra 기타를 치다

④ montar la bicicleta 자전거를 타다

⑤ nadar 수영하다

⑥ escuchar música 음악을 듣다

⑦ cantar 노래하다

⑧ jugar a los videojuegos 비디오 게임을 하다

⑨ jugar al básquetbol 농구를 하다

⑩ ver la televisión TV를 보다

⑪ tomar fotos 사진을 찍다

⑫ subir a la montaña 산을 오르다

⑬ leer un libro 책을 읽다

poder 동사를 활용해서 빈칸을 완성하세요.

	동사 원형	나는~ 을 할 수 있다
요리하다	cocinar	Yo puedo cocinar
노래하다		
춤추다		
수영하다		

	동사 원형	너는 ~을 할 수 있어?
요리하다	cocinar	¿Tú puedes cocinar?
기타치다		
비디오 게임을 하다		
자전거 타다		
농구를 하다		

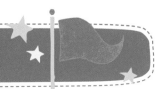

HABLEMOS 실력을 확인해요

오늘의 실력확인 다음 글을 읽고 질문에 답해보세요.

Ex1

¿Tú puedes ? **Sí, puedo cantar.**

너는 노래할 수 있어?

Ex2

¿Tú puedes ? ....

너는 비디오 게임을 할 수 있어?

Ex3

¿Tú puedes ? ....

너는 농구를 할 수 있어?

Ex4

¿Tú ? ....

너는 기타를 칠 수 있어?

Ex5

¿Tú ? ....

너는 사진을 찍을 수 있어?

Ex6

¿Tú ? ....

너는 춤을 출 수 있어?

Ex7

¿Tú ? ....

너는 스페인어로 책을 읽을 수 있어?

* 스페인어로 en español

ir al cine
극장에 가다

tocar un instrumento
악기를 연주하다

salir a trotar / correr
조깅하다

dar un paseo
산책하다

jugar al ajedrez
체스하다

quedar con los amigos
친구들을 만나다

navegar por Internet
인터넷 서핑을 하다

viajar
여행하다

escribir cartas
편지를 쓰다

ir de compras
쇼핑을 가다

visitar museos
박물관을 방문하다

cuidar las plantas
식물을 돌보다

185

Yo estudio español.

나는 스페인어를 공부해.

스페인과 중남미문화이야기

스페인어를 사용하는 다양한 나라의 문화에 대해서 배워요!

화폐 Ⓟ

친구들, 벌써 18과를 배우고 있어요. 스페인어와 조금 친해진 거 같나요?

이번 과 공부를 시작하기 전에 오늘은 스페인어가 공식언어인 국가에서 사용되는 화폐에 대해서 배워볼까 해요. 여러분도 아시다시피 스페인과 중남미의 많은 나라들은 스페인어를 공식 언어로 사용하고 있는데, 돈은 어떤 화폐를 사용할까요?

라틴 아메리카에서 통화 단위를 나타내는 가장 일반적인 이름은 스페인의 영향을 받은 **페소(peso)**예요. 아르헨티나, 멕시코, 칠레등 8개국에서 페소를 사용하고, 스페인은 유럽에 있으니까 **유로(euro)**를 사용해요. 그리고 스페인어로 지폐는 일반적으로 billete[비예떼]라고 하고, 동전은 moneda[모네다]예요. 그리고 무엇보다 중남미 국가에서는 아직까지 은행 시스템이 잘 갖춰 있지 않고 신용카드나 체크카드를 받지 않는 곳이 많아서, 문앞에 **"sólo en efectivo"**라고 적힌 표지판을 자주 볼 수 있는데, 이것은 현금만 받는다는 뜻이니까 스페인어권 여행할 때 참고하면 좋겠죠?

공부에 앞서 오늘 배울 내용을 큰 소리로 따라 읽어요.

Débora **¿Qué haces?** 너는 뭐해?

Viviana **Yo estudio español.**
나는 스페인어를 공부해.

> **TIP**
> por qué 는 '왜'라는 뜻을 가지고
> porque는 '왜냐하면'이라는 뜻이
> 에요. 띄어쓰기조심하세요!

Débora **¿Por qué estudias español?** 너는 왜 스페인어 공부를 해?

Viviana **Porque quiero viajar a México con mi familia.**
왜냐하면 가족이랑 멕시코 여행을 가고 싶어.

오늘의 단어를 꼼꼼하게 배워요.

el español
스페인어

el coreano
한국어

el inglés
영어

las matemáticas
수학

la historia
역사

la educación física
체육

las ciencias
과학

la música
음악

el arte
미술

TIP

수학과 과학은 항상 복수형태로만 사용해요.

GRAMÁTICA DE HOY
실력을 쑥쑥 키워요

 꼭 필요한 문법의 개념을 공부해요.

이번과 부터는 스페인어의 기본 동사 활용법에 대해 배워 볼거예요. 스페인어 동사에는 동사의 끝이(어미가)
-ar, -er, -ir로 끝나는 3가지의 형태가 있는데, 이번과는 첫 번째로 -ar 동사의 형태를 배워 볼 거예요.

● 3가지 -ar 동사의 동사 변형에 대해 배워볼게요.

	estudiar 공부하다	limpiar 청소하다	cantar 노래하다
Yo 나	estudio	limpio	canto
Tú 너	estudias	limpias	cantas

✓ "estudiar 공부하다"의 yo(나) 변형은 **estudio**입니다. -ar가 -o로 변화합니다.
　나는 공부해 "**Yo estudio**"로 말할 수 있습니다.

　ej) Yo estudio inglés. 나는 영어를 공부해.

✓ "**Yo estudio + 과목**"으로 "~나는 ~과목을 공부해."라고 말할 수 있어요.

● -ar 동사의 현재변화: 동사 꼬리(ar)가 '나' 일때는 - o, '너' 일때는 - as로 바껴요.

estudiar　Yo estudio,　Tú estudias

✓ "estudiar 공부하다"의 tú(너) 변형은 **estudias**입니다. -ar 가 -as로 변화합니다.
　너는 공부해 "**Tú estudias**"로 말 할 수 있습니다.

✓ "**¿Qué estudias/limpias/cocinas?**"라는 표현으로 "너는 무엇을 공부해/무엇을 청소해/무엇
을 요리해?"로 물어볼 수 있습니다.

✓ "**con + 사람**"으로 "**~ 와/~랑**"을 표현할 수 있습니다.
　ej) con mi mamá 우리 엄마랑, con mi amiga 내 친구랑, con mi familia 우리 가족이랑

1 **¿Qué estudias?** 너는 무엇을 공부해?
　Yo **estudio** español con mi papá. 나는 우리 아빠랑 스페인어를 공부해.

2 **¿Dónde limpias?** 너는 어디 청소해?
　Yo **limpio** mi cuarto. 내 방을 청소해.

3 **¿Cantas con Mercedes?** 너는 Mercedes랑 노래해?
　Sí, yo **canto** con Mercedes. 응, 나는 Mercedes랑 노래해.

오늘의 연습 1   다음과 알맞은 단어를 연결하세요.

음악 ●   ● el español

미술 ●   ● el coreano

스페인어 ●   ● el inglés

영어 ●   ● las matemáticas

수학 ●   ● la historia

한국어 ●   ● la educación
                           física

체육 ●   ● las ciencias

역사 ●   ● la música

과학 ●   ● el arte

다음 예시를 보고 문장을 완성하세요.

Yo
estudiar
inglés

Yo estudio inglés.

나는 영어를 공부해.

limpiar
mi cuarto

Yo ....

나는 내 방을 청소해.

cantar
con mi mamá

Yo ....

나는 우리 엄마랑 노래해.

estudiar
coreano

Tú ....?

너는 한국어를 공부해?

limpiar
tu cuarto

Tú ....?

너는 너의 방을 청소해?

cantar
con tu mamá

Tú ....?

너는 너희 엄마랑 노래해?

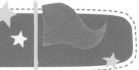
오늘의 실력확인 다음 그림을 보고 질문을 완성 해 보세요.

Ex1

A **¿Qué estudias?** 너는 무엇을 공부해?

B Yo   **español.** 나는 스페인어를 공부해.

Ex2

A ¿   **inglés?** 너는 영어를 공부해?

B **No, yo**   **mi papá.**
아니, 나는 아빠랑 한국어를 공부해.

Ex3

A **¿Dónde limpias?** 너는 어디 청소해?

B Yo   . 나는 내 방을 청소해.

Ex4

A **¿Qué canción**   **?** 너는 무슨 노래를 해?

B   **'Estrellita dónde estás'.**
나는 '작은별'을 노래해.

Estrellita, ¿dónde estás? ♫
작은별

Las letras de Estrellita, ¿dónde estás?

Estrellita, ¿dónde estás?
Me pregunto qué serás.
En el cielo y en el mar,
un diamante de verdad.
Estrellita, ¿dónde estás?
Me pregunto qué serás.

Yo como tacos.

나는 타코를 먹어.

스페인과 중남미 문화이야기

스페인어를 사용하는 다양한 나라의 문화에 대해서 배워요!

인디헤나

　여러분! 영화 〈코코〉의 코코 할머니를 기억하나요? '코코' 할머니는 우리나라 할머니의 모습과 많이 달랐어요. 머리를 양쪽으로 길게 따서 묶은 모습이었죠. 이 모습은 멕시코에서 실제로 자주 볼 수 있는 모습이에요. 중남미를 여행을 하다 보면, 어린아이부터 할머니까지 길게 땋은 머리와 전통복장에 아직도 맨발로 과일과 옷을 팔러 다니는 '**인디헤나**'들을 쉽게 볼 수 있어요. '**인디헤나**' 분들은 마야인의 인종적 특징이 강하게 나타나는데 작은 키, 외소한 체구, 그리고 갈색 피부를 가졌어요. 통계에 따르면 **인디헤나** 여성의 평균키가 147.4센티미터 수준으로 세계에서 제일 작고, 실제로도 정말 작은 분들이 많아요.

　오늘은 여러분과 함께, 인디오 VS **인디헤나**에 대해서 알아볼까 하는데요. 우선 '인디오(Indio)'라는 명칭은 중남미 지역에서 식민화 정책을 펼친 에스파냐인들이 인디언을 에스파냐식으로 부른 것이 굳어져 만들어졌어요. 인디오(Indoo)란 말 안에는 이들을 야만인으로 표현하는 의미가 있기 때문에 '**인디헤나**'라고 부르는 것이 정확하다고 해요. 현재는 일반적으로 북아메리카 원주민을 '인디언', 중남미 라틴아메리카 원주민을 '**인디헤나**'로 불러 구별하고 있어요. 이제부터는 중남미 토착민들을 '인디오'가 아닌 '**인디헤나**' 불러 줄 수 있겠죠?

공부에 앞서 오늘 배울 내용을 큰 소리로 따라 읽어요.

Viviana   **Miguel, ¿qué comes?**   미겔, 너는 뭐 먹어?

Miguel   **Yo como tacos.**   나는 타코를 먹어.

Viviana   **¿Dónde comes tacos?**   너는 어디서 타코를 먹어?

Miguel   **Yo como tacos en el restaurante.**

나는 식당에서 타코를 먹어.

¿Qué comes?
너는 뭐 먹어?

Yo como tacos.
나는 타코를 먹어.

✏️ 오늘의 단어를 꼼꼼하게 배워요.

la leche
우유

el huevo
계란

el pescado
생선

la verdura
야채

el espagueti
스파게티

el pan
빵

la galleta
쿠키

la carne
고기

la dona
도넛

GRAMÁTICA DE HOY
실력을 쑥쑥 키워요

 꼭 필요한 문법의 개념을 공부해요.

이번과는 지난 시간에 이어 -ar, -er, -ir로 끝나는 3가지 형태동사 중 동사의 끝이 -er로 끝나는 형태의 동사에 대해 배워 볼 거예요.

● 3가지 -er 동사의 동사 변형에 대해 배워볼게요.

	comer 먹다	**beb**er 마시다	**lee**r 읽다
Yo 나	como	bebo	leo
Tú 너	comes	bebes	lees

✓ -er 동사의 현재변화: 동사 꼬리(er)가 '나' 일때는 -o, '너' 일때는 - es로 바껴요.

comer Yo como, Tú comes

✓ "comer 먹다"의 yo(나) 변형은 **como**입니다. -er 가 -o로 변해요.
 나는 ~을 먹어 "**Yo como + 음식**" 으로 말 할 수 있어요.

✓ "comer 먹다"의 tú (너) 변형은 **comes** 입니다. -er 가 -es로 변화합니다.
 너는 먹어 "**Tú comes + 음식**" 로 말 할 수 있어요.

✓ "**¿Qué comes/bebes/lees?**"라는 표현으로 "너는 무엇을 먹어/무엇을 마셔/무엇을 읽어?"로 물어볼 수 있어요.

✓ "**en + 장소**"로 "**~ 에**"를 표현할 수 있습니다.
 ej) Yo como + 음식 + en + 장소 (나는 음식을 ~장소에서 먹어.)

Yo leo un libro en la biblioteca.
나는 도서관에서 책 한 권을 읽어.

1 **¿Qué comes?** 너는 뭐 먹어?
Yo **como** pan en la panadería.
나는 빵집에서 빵을 먹어.

2 **¿Qué lees?** 너는 뭐 읽어?
Yo **leo** un libro en la biblioteca.
나는 도서관에서 책 한 권을 읽어.

3 **¿Qué bebes?** 너는 무엇을 마셔?
Yo **bebo** café.
나는 커피를 마셔.

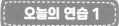 다음 그림과 알맞은 단어를 빈칸에 쓰세요.

----------------- ----------------- ----------------- ----------------- -----------------

----------------- ----------------- ----------------- -----------------

la leche   el huevo   el pescado   la verdura   el espagueti

el pan   la galleta   la carne   la dona

오늘의 연습 2 다음 그림을 보고 아래의 빈칸에 알맞은 동사변형을 쓰세요.

comer
pan
en la panadería.
먹다

Yo ....
나는 빵을 빵집에서 먹어.

beber
café
en la cafetería.
마시다

¿Tú .... ?
너는 커피를 커피숍에서 마셔?

leer
libros
en la biblioteca.
읽다

Yo ....
나는 도서관에서 책(들)을 읽어.

aprender
español
en la escuela.
배우다

¿Tú .... ?
너는 학교에서 스페인어를 배워?

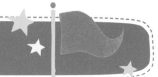
오늘의 실력확인 다음 그림을 보고 질문에 답해보세요.

A **¿Qué lees?** 너는 무엇을 읽어?

B Yo   **un libro en la casa de Diana.**
나는 Diana의 집에서 책 한 권을 읽어.

A **¿Qué lees?** 너는 무엇을 읽어?

B Yo   **el periódico en**

con mis amigos.
나는 도서관에서 친구들이랑 신문을 읽어.

A **¿Qué comes?** 너는 뭐 먹어?

B Yo   **una dona en**   .
나는 식당에서 도넛 하나를 먹어.

A **¿Qué**   **?** 너는 뭐 먹어?

B Yo   **una galleta**   .
나는 공원에서 쿠키 하나를 먹어.

A **¿Qué**   **?** 너는 무엇을 배워?

B Yo   .
나는 학교에서 수학을 배워.

A **¿**   **?** 너는 무엇을 배워?

B   **español**   .
나는 집에서 스페인어를 배워.

스페인어로 감정을 표현할때는 아래와 같이 표현해요.

Me siento muy feliz.
나 너무 행복해.

Me siento muy triste.
나 너무 슬퍼.

Me siento muy aburrido.
나 너무 심심해.

Me siento muy nerviosa.
나 너무 떨려.

Yo vivo en México.

나는 멕시코에 살아.

스페인과 중남미 문화이야기

스페인어를 사용하는 다양한 나라의 문화에 대해서 배워요!

Día de muertos 💀

오늘은 스페인과 중남미 문화 이야기 마지막 시간이네요. 그동안 스페인과 중남미 문화에 대해 많이 배웠나요? 오늘은 마지막 시간인 만큼, 스페인어하면 떠오르는 영화 〈코코〉의 배경인 **Día de muertos**에 대해서 알아보도록 할 거예요. 매년 11월 2일이 되면 멕시코의 전체 도시에서는 해골과 귀신 분장을 한 인파들로 북적여요. 수천 명의 사람들이 멕시코 전통 축제인 망자의 날, **Día de muertos**를 기념하기 위해 거리로 나오기 때문이죠. 우리에게는 망자의 날 또는 죽은 자의 날로 잘 알려진 **Día de muertos** 먼저 떠나간 가족을 추억하며 떠난 이들이 생전 좋아했던 음식을 차리고, 촛불을 켜고, 집 안에 추모 제단을 만들고, Cempasuchil 이라는 노란 꽃 길을 만들어 놓고 망자들을 기다리는 날이에요. 영화 〈코코〉는 멕시코의 유명 관광 도시인 '과나후아토'를 배경으로 만들어 졌다고 하는데, 영화 속 거리와, 망자의 날 밤에 온 가족이 공동묘지에 모여 촛불을 켜놓고 가족을 추모하는 장면은 정말 싱크로율 100% 정도로 가까웠답니다. 스페인어를 공부해서 '**Día de muertos**' 축제에 와 보지 않을래요?

공부에 앞서 오늘 배울 내용을 큰 소리로 따라 읽어요.

Viviana **Hola, ¿dónde vives?** 안녕, 너는 어디에 살아?

Miguel **Yo vivo en Barcelona. ¿Y tú dónde vives?**
나는 바로셀로나에 살아. 그리고 너는 어디 살아?

Viviana **Yo vivo en Madrid.** 나는 마드리드에 살아.

Miguel **¡Me encanta Madrid!** 나 정말 마드리드 좋아해!

오늘의 단어를 꼼꼼하게 배워요.

la carta
편지

el diario
일기

el mensaje de texto
문자메세지

la puerta
문

la ventana
창문

la caja
상자

el apartamento
아파트

la ciudad
도시

el campo
시골

 GRAMÁTICA DE HOY
실력을 쑥쑥 키워요

🔍 꼭 필요한 문법의 개념을 엄마랑 공부해요.

오늘은 스페인어의 동사는 −ar, −er, −ir의 형태의 세 번째, 동사의 끝이 −ir 로 끝나는 동사의 형태를 배워 볼 거예요.

● 3가지 −ir 동사의 동사 변형에 대해 배워볼게요.

	viv**ir** 살다	escrib**ir** 쓰다	abr**ir** 열다
Yo 나	vivio	escribo	abro
Tú 너	vives	escribes	abres

✓ −ir동사의 현재변화: −er 동사의 변형과 같아요. '나' 일때는 − o, '너' 일 때는 − es로 바껴요.

vivir   **Yo vivo, Tú vives**

✓ **¿Dónde vives?**라는 표현으로 너는 어디 살아?로 물어볼 수 있습니다.

✓ "vivir 살다"의 yo(나) 변형은 vivo입니다. −ir가 −o로 변화합니다.
  나는 ~에 살아 "**Yo vivo en + 장소**" 로 말할 수 있어요.

✓ "vivir 살다"의 tú(너) 변형은 vives입니다. −ir가 −es로 바껴요.
  너는 살아 "**Tú vives en + 장소**"로 말할 수 있어요.

✓ "**para + 동사원형**"으로 "~을/를 위해"를 표현할 수 있습니다.

Yo escribo una carta.

나는 편지 한 통을 써.

1 **¿Dónde vives?** 너는 어디 살아?
  Yo vivo en México para aprender español.
  나는 스페인어를 배우기 위해서 멕시코에 살아.

2 **¿Qué abres?** 너는 무엇을 열어?
  Yo abro la puerta. 나는 문을 열어.

3 **¿Qué escribes?** 너는 무엇을 써?
  Yo escribo una carta. 나는 편지 하나를 써.

재미있게 연습해요

오늘의 연습 1 다음 그림과 알맞은 단어를 연결하세요.

la carta

el diario

el mensaje de texto

la puerta

la ventana

la caja

el apartamento

la ciudad

다음 표에 알맞은 동사 변형을 쓰세요.

	스페인어	나는 ~에 산다.
~에 살다	vivir	Yo vivo ~
도시	La ciudad	Yo vivo en la ciudad
아파트		
시골		

	스페인어	너는 ~을/를 써?	
~을 쓰다		¿	?
편지		¿	?
문자 메세지		¿	?
일기		¿	?

	스페인어	나는 ~을/를 열어.
~을 열다		
문		
창문		

오늘의 실력확인 다음 그림을 보고 질문에 답해보세요.

Ex1

A Hola, ¿en dónde ＿＿＿＿？ 너는 어디 살아?

B Yo ＿＿＿＿ en Seúl. ¿Y tú? 나는 서울에 살아. 너는?

A Yo vivo en el ＿＿＿＿. 나는 시골에 살아.

Ex2

A ¿Por qué ＿＿＿＿ en la ciudad? 왜 도시에 살아?

B Porque me encanta ＿＿＿＿.

왜냐하면 나는 도시를 좋아해.

Ex3

A ¿Qué ＿＿＿＿？ 뭐 써?

B Yo ＿＿＿＿ un diario. 일기 써.

Ex4

A ¿ ＿＿＿＿？ 뭐 해?

B Yo ＿＿＿＿ el correo electrónico.

이메일을 읽어 (체크해).

영화 '코코'의 OST 를 불러봐요!

Recuérdame
Hoy me tengo que ir mi amor
Recuérdame
No llores por favor
Te llevo en mi corazón y cerca me tendrás
A solas yo te cantaré soñando en regresar
Recuérdame,
Aunque tengo que emigrar
Recuérdame,
Si mi guitarra oyes llorar
Ella con su triste canto te acompañará
Hasta que en mis brazos tú estés
Recuérdame

정답

1과 안녕! 내 이름은 비비야

오늘의 연습 (2)

Buenos, tardes, Buenas, Cómo, 자신의 이름, Cómo Estoy, mal, Más o menos, Adiós.

오늘의 실력 확인

Ex1. Jenny Ex2. Cómo te llamas, Sonny, 자신의 이름, 자신의 이름

2과 나는 한국 사람이야

오늘의 연습 (2)

coreano/coreana, español/española, mexicano/mexicana, peruano/peruana, chino/china, japonés/japonesa, estadounidense, ruso/rusa, francia/francesa, chile,chileno

오늘의 실력 확인

Ex1. Corea Ex2. España Ex3. dónde, México, mexicano Ex4. De dónde, Estados Unidos, estadounidense

3과 우리 아빠는 경찰이야

오늘의 연습 (2)

el/la cantante, el/la estudiante, el/la maestro/a, el/la periodista, el/la doctor/a, el/la pintor/a, el/la cocinero/a, el/la abogado/a, el/la bombero/a

오늘의 실력 확인

cantante, soy, estudiante, estudiante, eres periodista, soy periodista, es maestro, es maestro, es cocinera, mi mamá es cocinera, Él es bombero, es bombero

4과 나는 학교에 가

오늘의 연습 (2)

la biblioteca, la cafetería, la piscina/la alberca, la panadería, la librería, el restaurante, la iglesia, el parque de diversiones, el parque, el mercado, el parque infantil

오늘의 실력 확인 (1)

Yo voy a la escuela, ¿A dónde va, mamá?, mercado, ¿A dónde vas?, Yo voy a la panadería.

오늘의 실력 확인 (2)

2. Yo voy a la librería. 3. Yo voy al parque 4. Yo voy a la panadería 5. Yo voy a la escuela.

5과 책은 책상에 있어

오늘의 연습 (1)

encima de, debajo de, enfrente de, al lado de, detrás de, entre

6과 우리 형은 11살이야.

오늘의 연습 (1)

uno, dos, tres, cuatro, cinco, seis, siete, ocho, nueve, diez, once, doce, trece, catorce, quince, dieciséis, diecisiete, dieciocho, diecinueve, veinte

오늘의 실력 확인

Yo tengo 1(un) año, Yo tengo 3(tres) años, Cuántos años tienes, Yo tengo 10(diez) años, Cuántos años tienes, Yo tengo 2(dos) años

7과 우리 가족은 6명이야.

오늘의 연습 (2)

hermana, mamá, papá, abuelo, tío

오늘의 실력 확인

Ex1. Cuántos son, 5(cinco) Ex2. en tu familia, somos 4(cuatro) Ex3. Cuántos son en tu familia, En mi familia somos 6, Mi mamá, mi papá, mi abuelo, mi abuela, mi hermana y yo.

8과 나는 초등학교 2학년이야.

오늘의 연습 (2)

primero, segundo, tercero, cuarto, quinto, sexto

오늘의 실력 확인

Ex1. coreano, quinto año/grado Ex2. Soy, mexicana, primer año/grado Ex3. Soy, chino, tercer año/grado de preparatoria Ex4. Soy japonesa, cuarto año de universidad

9과 오늘은 일요일이야.

오늘의 연습 (2)

el martes, el miércoles, el jueves, el viernes, el sábado, el domingo, hoy, mañana, ayer

오늘의 실력 확인

miércoles, martes, jueves.

10과 사과는 10페소예요.

오늘의 연습 (2)

MANZANA, NARANJA, AGUACATE, PLÁTANO, FRESA, UVA, TORONJA, PIÑA, DURAZNO

오늘의 실력 확인

Cuánto cuesta, cuesta, Cuánto cuesta, cuesta, Cuánto cuesta, La ensalada cuesta, Cuánto cuesta, La coca cuesta, Cuánto cuesta un helado, El helado cuesta 25 pesos

11과 내 생일은 5월 11일이야.

오늘의 연습 (1)

julio, enero, febrero, junio, agosto, diciembre, abril, noviembre, octubre, marzo, septiembre, mayo

오늘의 연습 (2)

septiembre, noviembre, mayo, julio, noviembre, enero, enero, marzo, abril, junio, junio, agosto,

diciembre, febrero, octubre, diciembre, marzo, mayo, agosto, octubre, julio, septiembre, febrero, abril

오늘의 실력 확인

Ex1. Feliz cumpleaños Ex2, Ex3, Ex4 자신의 엄마, 아빠, 친구의 엄마의 생일을 말해보세요

12과 지금은 7시야.

오늘의 연습 (2)

6(seis) y 57(cincuenta y siete), 1(una) y 12(doce), 3(tres) y 10(diez), 12(doce) y 15(quince), 4(cuatro) y 50(cincuenta), 7(siete) en punto, 1(una) y 8(ocho), 10(diez) en punto

오늘의 실력 확인

1. a la 1(una) 2. a las 2(dos) 3. a las 5(cinco) 4. a las 5(cinco) y 30(media o treinta) 5. a las 7(siete)

13과 이건 강아지야

오늘의 연습 (2)

lli, ele, ballo, so, ón, ga, ne, cer, pája

오늘의 실력 확인

Esto es un elefante, Esto es un conejo, Esto es un caballo, Esto es un pollito, Esto es un cerdo, Esto es un pájaro, Esto es un león

14과 나는 빨강색을 좋아해

오늘의 실력 확인

Ex1. El verde Ex2. El azul, el azul Ex3. Qué color te gusta Ex4. Qué color te gusta Ex5. el amarillo

15과 오늘 날씨 너무 좋아!

오늘의 연습 (1)

hace buen tiempo, llueve, está nublado, nieva, hace viento, hace frío

오늘의 연습 (2)

2. hace frío 3. llueve 4. hace calor 5. hace viento 6. hace buen tiempo

오늘의 실력 확인

Ex1. hace fresco Ex2. Cómo está, hace buen tiempo Ex3. el clima, está nublado Ex4. nieva Ex5. hace calor

16과 나 멕시코에 가고 싶어.

오늘의 연습 (2)

ver, Yo quiero ver, dormir, Yo quiero dormir, comer, Yo quiero comer, cocinar, ¿Tú quieres cocinar?, beber/tomar ¿Tú quieres beber/tomar?, hablar, ¿Tú quieres hablar?

오늘의 실력 확인

Quiero comer una hamburguesa, Quiero beber una coca, Quiero estudiar español, quieres ir, Quiero ir a México, quieres ver, Quiero ver a mi mejor amiga

17과 나는 춤을 출 수 있어

오늘의 연습 (1)

6, 3, 4, 13, 1, 12, 11, 10, 9, 8, 5, 7, 2, (12시 방향부터 시계방향으로)

오늘의 연습 (2)

cantar, Yo puedo cantar, bailar, Yo puedo bailar, nadar, Yo puedo nadar, tocar la guitarra, ¿Tú puedes tocar la guitarra?, jugar a los videojuegos ¿Tú puedes jugar a los videojuegos?, montar la bicicleta, ¿Tú puedes montar la bicicleta? Jugar al básquetbol, ¿Tú puedes jugar al básquetbol?

오늘의 실력 확인

Ex1. cantar, Ex2. jugar a los videojuegos, Sí, puedo jugar a los videojuegos Ex3. jugar al básquetbol, Sí, puedo jugar al básquetbol Ex4. puedes tocar la guitarra, Sí, puedo tocar la guitarra Ex5. puedes tomar fotos, Sí, puedo tomar fotos Ex6. puedes bailar, Sí, puedo bailar Ex7. puedes leer un libro en español, sí, puedo leer un libro en español

18과 나는 스페인어를 공부해

오늘의 연습 (2)

limpio mi cuarto, canto con mi mamá, estudias coreano, limpias tu cuarto, cantas con tu mamá

오늘의 실력 확인

Ex1. estudio Ex2. Tú estudias, estudio coreano con Ex3. limpio mi cuarto Ex4. cantas, Yo canto

19과 나는 타코를 먹어

오늘의 연습 (1)

la leche, la verdura, el pescado, el huevo, el pan, el espagueti, la dona, la carne, la galleta

오늘의 연습 (2)

como pan en la panadería, bebes café en la cafetería, leo libros en la biblioteca, aprendes español en la escuela

오늘의 실력 확인

leo, leo, la biblioteca, como, el restaurante, comes, como, en el parque, aprendes, aprendo matemáticas en la escuela, qué parendes? Yo aprendo, en casa

20과 나는 멕시코에 살아.

오늘의 연습 (2)

el apartamento, Yo vivo en el apartamento, el campo, Yo vivo en el campo, escribir, ¿Tú escribes una carta?, el mensaje de texto, ¿Tú escribes un mensaje de texto?, el diario, ¿Tú escribes un diario?, abrir, Abro, la puerta, Abro la puerta, la ventana, Abro la ventana.

오늘의 실력 확인

Ex1. vives, vivo, campo Ex2. vives, la ciudad Ex3. escribes, escribo Ex4. Qué haces, leo